99%の人が知らない

遊びながら幸せに儲ける新常識

夢を斬れ！希望は捨てろ！

だから〝目標〟は実現できる！

マーケティング・コンサルタント
松本和彦

目次

61 第2章

幸せのスタートは、「自分が何者か？」を知る事 人間のミッション（使命）とは何か

81 第3章

目標設定は面白くて足が震えるレベル

209 第6章

「幸せに儲かる法則」の実践 マーケティングと商品開発

プロローグ

遊びながら幸せに儲ける成功法則とは？

こんにちは。松本和彦です。

私は「遊びながら儲ける」を実践している男です。

「遊びながら」「幸せに」そして「儲ける」。

「本当にそんなことが出来るの？」というのがみなさんの反応だと思います。

しかし、本当に出来るんです！

私自身が生きている実例です。

そこで、私が実践しているこの成功の法則を、皆さんに、とても具体的に、しかも努力などなしでお教えしようというのがこの本なんです。

自慢話のようで恐縮ですが、私の事業は10年間、右肩上がりの業績で、しかも設定した目標はほとんど達成しています。私の本業は、飲食店やアパレル、美容業界の経営コンサルティングで多くの方々の成功のお手伝いをすることです。その上、今では、服部学園、東京モード学園、産能大学、山野美容芸術短期大学など7つの学校で講師を務めています。東京大学医学部の学生に、「松本流の実践的幸福学」の講義をしたこともあります。さらに、多くの自治体や企業からマーケティングについての講義を依頼されています。ヤフー・ファイナンスで日本のトップビジネスコンサルタントと報道されて、海外からも仕事のオファーが次々に舞い込んでいます。

自分で言うのもなんですが、事業も人生も順風満帆です。

それから自慢話をもう一つ。私は健康面でも絶好調です。体脂肪率は10・9%で、大体、中学時代と同じ体形を保っています。


こんな幸せを絵に描いたような人生を歩んでいる私ですが、以前は地獄も体験しています。私は10年間もアルコール依存症に苦しんでいました。単純に言えば「アルコール中毒」、「アル中」です。


アルコール依存症時代は、不安と恐怖に苛まれていました。その不安と恐怖を紛らわせるために又、仕事に行く前にも、朝から酒をあおってしまう。悪循環です。

また朝、目が覚めるのも恐怖でした。家族にもスッカリ愛想をつかされ、いっそ人生を捨ててしまおうと考えた事も何度もありました。

結局、私はアルコール依存症で入院するのですが、その時は家の電話番号も思い出せない程で、全く廃人同様でした。入院時にCTスキャンで検査したら、脳と頭蓋骨の間に5ミリも隙間が空いていたそうです。アルコール中毒による脳の委縮が極端におきていたのですね。

この10年間続いた酷いアルコール依存症から、私は2か月半で回復しました。

そのきっかけは？

私は神様に出会ったのです。

それ以来、人生が全くよい方向に逆転しました。

どんな神様に、どんな風に出会ったのか？
それは後でゆっくりとお話ししましょう。

こうして、私は毎日を幸せに生きることができるようになりました。
私自身の人生を振り返ると、明らかに誰にでも応用できる幸せの法則があることに気が付きました。その法則を皆様にお教えしようというのが、この本なのです。

■松本ワールド：私の中の5人のキャラクター

私の成功の法則は、誰にでも応用が利くものです。しかし、言葉遣いが独特なので、読者の皆様にはそれを丁寧にご説明したいと思います。

丁寧に説明する為には、私の心の中に住んでいる5人のキャラクターを理解してもらうのが早道です。

「1人の人間の中に、5人ものキャラクターがいるなんて?·?·?·」

「それって多重人格じゃない?·?·?·?」

というような皆さんの声が聞こえてきそうですが、全くそうではありません。

私の心の中に、5つの異なったベクトルが存在するといったら分かりやすいでしょうか。私はその「それぞれの方向性をもった力(ベクトル)」に、キャラクターの名前をつけているのです。

「潜在意識」という言葉を聞いた事はあるでしょう。我々がハッキリと自覚している意識の事を顕在意識といい、ハッキリ意識しない部分を潜在意識と呼んでいます。潜在意識というのは、氷山の水面下のような部分です。その中にはありとあらゆる過去の記憶が詰まっているのですね。

顕在意識は氷山の水の上に突き出た部分です。潜在意識の中から、必要な事だけが顕在意識に表れてくると考えられています。私の場合、水面下の潜在意識の部分に、4人のキャラクターが存在しています。その4人のキャラクターを統合する顕在意識の自分本体をペルソナと言います。

ペルソナとは言い換えれば、「社会に対してブランド化された自分の事」です。このペルソナを私は「オマツ」と名付けています。勿論、松本の「松」から来た名前で、女の名前のようですが、実はカッコいい男のキャラクターです。このペルソナであるオマツの下に、潜在意識である4人のキャラクターが住んでいるのです。

先ず、ペルソナのオマツを紹介しましょう。

かっこいいでしょ！

でも、ちょっと、かっこよすぎかなぁ？（笑）

彼の下にいる4人のキャラクターを一人ずつ、紹介していきましょう。

まず紹介するのが「カズミ」です。

誠実で実直な父性です。実は、私の父がモデルです。堅実で理智的な存在で、行動を理論づけ、体系化する知性の役割を果たしています。

次に紹介するのが「オオトミコ」です。

大きなトミコという意味で、「オオトミコ」と呼んでいます。略称して「オオトミ」というこどもあります。無限に包容力のある慈悲深い母性です。

私の母がモデルです。全てを承認し、周辺の全てに寛容な存在です。女性的な優しさの象徴です。

次に紹介するのが「コトミコ」です。小さなトミコという意味です。時に「コトミ」と略称します。彼女は潜在意識の中のブレーキ役です。悪事や危険をいち早く察知して、そちらの方向に行かないように警告してくれます。

実は、亡くなった私の妻が、このイメージの原型です。

私の母がトミコで、私の亡くなった妻もトミコという名前でした。そこで「オオトミコ」と「コトミコ」という2人のキャラクターが誕生したのです。

最後の一番問題のある潜在意識のキャラクターが、「カズ」です。

やんちゃな道化者で悪戯好きです。自由なクリエイターで、冒険心がある反面、暴走し、悪い事にも平気で手を出します。

実は、私をアルコール依存症にしたのは、このカズなのです。潜在意識の中の問題児ですが、適応能力に優れているし、創造性の塊でもあります。

「カズミ」「オオトミコ」「コトミコ」「カズ」の4人を統合しているのが、「オマツ」というペルソナなのです。
顕在意識であるペルソナのオマツと潜在意識の4人のキャラクターに、ここでまとめて登場してもらいましょう。

■死後体験？

「私は、実は一度、死んだことがあるのです」

というと奇妙に聞こえるかもしれませんが、完全に自分の意識が肉体から遊離して、死後の世界を垣間見ました。そこから私の意識は幸い、肉体に戻ってきて、今、こうして生きているのですが、その時の体験を皆さんにお話ししましょう。

信じて頂けるかどうか分かりませんが、私にとってはこれは疑いようのない現実の経験なのです。

所謂「臨死体験」の話とは、少々違いますが、この体験が私に生まれ変わるキッカケを与えてくれました。

既にお話ししたように、私は酷いアルコール依存症でした。朝からお酒を呑んでいました。顕在意識、つまり表に現れている意識では「お酒を止めよう」と思っていても、潜在意識の方が「お酒が欲しい」「お酒を呑みたい」と言ってきます。潜在意識の働きかけがあまりにしつこいものですから、呑んでもよい理由を探し始めます。とうとう根負けして、

「呑んでもよい理由」を見付けてしまい、結局呑んでしまうのです。

そんな日が、何日も、何カ月も、何年も続きました。


そしてついに、その時が訪れました。

実家に帰っていた時です。実は、その日もコンビニでお酒を買って、隠れるようにソッとお酒を呑んでいました。私はいつの間にか、意識を失っていました。

後から聞くと、親が起こそうとしても、全く反応がなかったそうです。血圧を計ると、上の血圧が200を超えていたといいます。親は救急車を呼んでくれましたが、ようやく救急車が着いた時には、もう、呼吸が途切れ途切れだったそうです。そして救急車で病院で搬送される途中で、私の息は止まってしまったそうです。救急隊員が一生懸命、蘇生しようとしてくれたのですが、呼吸は元に戻らず、そのまま集中治療室へ運び込まれました。

それからしばらくして、意識が戻るのですが、それまでの間に、実に不思議な体験をしたのです。


私の身体は集中治療室の中にいたのに違いないのですが、私の意識は、集中治療室の外の父と一緒にいました。私はその時、父が病院の技師と交わした会話の内容を本当に正確に覚えているのです。

回復してから父に、「あの時、集中治療室の外で、お父さんが病院の技師とこのような話をしていたでしょう」というと、父は驚いて「お前は集中治療室にいたのに、何故、その会話が分かったのだ」というのです。私はその間、ずっと父の隣にいたつもりでした。その日の父の行動は実によく覚えています。

要するに、私の意識、というか魂は、肉体を遊離して、父と一緒に行動していたのです。よく臨死体験で聞く「寝ている自分の意識が肉体からスッと立ち上がって行って、天井から自分の肉体を見ていた」という事ではなかったのですが、この時、私は確かに、生の世界と死の世界の中間にいたのだと思います。これが自分の「臨死体験」です。

この日から、何か大きなものが変わりました。
その日の数十日後、私は「神様」に遭遇するのです。

2002年11月20日、私は臨死体験の後に、新たに生まれ変わったように思いました。まったく新たに地球に産み落とされたような気がした瞬間でした。

■神様に出会った日

2002年11月30日、私は「神様」に出会いました。

多分、あれが「神様」だったのだと思います。

というと、いい加減な言葉のように思えますが、私にはそうとしか思いようがないのです。

神様は何をやっていたのかというと、なんと、自分の持っていた傘を売っていたのです。場所は東京駅の、総武快速線の地下に降りるエスカレーターの前でした。みすぼらしい身なりのおじいさんが、「この傘を買ってもらえませんか?」と私に言ったのです。

電車賃がなくなってしまったので、自分の持っている傘を売って、お金を作りたいということでした。私は財布に3000円しか持っていなかったのですが、2000円、渡して、この傘を買いました。

実は私は、また朝まで酒を呑み続けていたのです。仕事に行くといって、途中の新幹線の中でお酒を呑み続け、お客様のところに辿りつけず、ホテルで又、呑み続け、お金がなくなって、その朝、東京駅に戻ってきたのでした。それで財布にはわずか3000円しかなかったのです。

2000円を渡して傘を買うと、おじいさんは嬉しそうに、「ありがとうございます」を繰り返しながら、去って行きました。

その後、実に不思議なことが起きたのです。

総武線快速に乗って、家に向かう途中で、私は突然、「アルコール依存治療の為に入院しよう」と思いつきました。

「そうだ。アルコール依存は病気なんだから、入院して治療したら治るはずだ！」と、当たり前の事に気が付いたのです。

それまで「入院なんて、絶対にありえない」と思っていたのですが、**意識が完全に変わっていました。**

一度、気が付いてみれば、何故これまで、こんな単純な事に気が付かなかったのだろう、とそれがむしろ不思議に思います。

悟るということは、そういうことなんでしょうね。

実家に戻り、父親に相談し、当面の家族の生活費や入院費を借りて、入院することを決めました。あの11月30日のおじいさんとの出会いから、人生が全く変わったのです。

確実によい方向に動き始めました。

私にとっては、あのおじいさんが「神様」だったのです。

私がその事に気が付いたのは、実は、だいぶ後になってからのことでした。宗教家の方に聞くと、「おためし」とか、「お布施」という体験らしいです。自分の財産を全部、放棄すると人生が変わることがあるそうです。

あのおじいさんは、間違いなく私に、「人生の転機」を与えてくれました。

あのおじいさん、その人が「神様」だったとは言えないかもしれません。

しかし、神様が、あのおじいさんを私のもとに送ってきてくれたから、私の人生の大転機がありえたのです。

こんな出会いは、神様にしか演出できない事でしょう。

あのおじいさんが、神様が姿を変えていたのか、それとも神様が私のもとに送ってくれた使者なのかは、私にはどうでもよいことです。

私は確かにその時、「神様」に出会っていたのです。

私は12月4日、入院しました。この日、入院する直前に、実は、私は缶酎ハイ2缶を呑んだのです。アルコール依存症の治療に入院するのに、酎ハイを2缶も呑んでから病院に行くというのは、今考えれば如何にもおかしな話ですが、それが当時の私でした。

ところがこの缶酎ハイ2缶が、私の最後の飲酒になりました。

入院してから2か月半、私は毎日、潜在意識に「酒は嫌い」「酒を呑まなくても幸せ」と言い続けました。

病院では朝15分、夜30分の瞑想の時間があります。その時には、この言葉を、何百回、何千回と、頭の中で唱えました。**潜在意識に染みわたるまで、言い続けた**のです。

これが、本編で説明する「アファメーション」であり、「自己暗示」です。

それでは一体、誰が、神様と出会わせてくれたのでしょう?

これだけは絶対、自分の力ではありません。

きっと母や妻の願いが、神様に通じたのだと、私は思っています。

■重度のアルコール依存症を2か月半で治す

アルコール依存症をどうやって治したか、という話です。

私は約8年間、アルコール依存でした。

軽度の依存症を含めれば、丸10年、アルコール依存であったといっても差支えありません。

その私がどうやって、たった2か月半でアルコール依存症を克服できたのでしょうか？

その答えは「アファメーション」です。アファメーションは、日本語に訳すと、「深層心理自己説得術」といいます。深層心理の自分を説得して、よいほうに、心の動きを導いてゆくという事です。

私はアルコール依存の治療で入院する時に、アファメーションに関する本を持って病院に行ったのです。これを読んで、アルコール依存克服の治療方法を自分自身で思いつきました。

この本を何故、持って行ったのかというのも、また、不思議な話なのですが、やはりこれも「神様」の御導きでしょう。

アルコール依存を治すのに、いわゆる「意志」は何の役にもたちません。
そもそも私は、意志はとても弱いほうです。

我慢するのが苦手なほうです。

アルコール依存は厄介なもので、顕在意識では「呑んではいけない」と思うのですが、潜在意識の元から湧き出てくる欲望に説得され、とうとう呑んでよい理由を見付けてしまうのです。だから意志は役に立たないのです。

この「アファメーション」の本を読んで、私は、自分自身で「お酒が嫌いになる事」を自分の潜在意識に説得しようと思い、それに成功したのです。

2週間くらい、この深層心理自己説得を続けていると、「酒はあまり欲しくないかも」と思い始めました。

それから1か月半後には、「酒はキライかも?」とも思い始めました。

あれほど好きだった酒。

「止めるくらいなら死んだ方がマシ」と思っていた酒が、嫌いになっていたのです。

そしてとうとう2か月半後には、酒を見ても「ドキッ」としなくなりました。

「もう酒は呑まなくてもよい」と思い始めました。


「酒は嫌いだ」

「酒は呑まないほうが幸せだ」

と、自分自身で納得できるようになったのです。


これは普通に言う「意志の力」で出来る事ではありません。

■「古い常識」と「新しい常識」

さて、今まで、私の人生における強烈な体験をお話ししてきました。

またその体験と合わせて、私の中の5人のキャラクターについてもお話ししてきました。

そこで改めて、読者の皆さんに、どうしてもお伝えしたい事があります。
それは**「古い常識」を捨てて「新しい常識」をもって頂きたい**ということなんです。

この本の目的は、サブ・タイトルにいうとおりに「遊びながら幸せに儲ける」その成功法則を皆さんにお伝えすることです。

しかしその成功法則を身に着けるには、先ず、皆さんのもっている「常識」を捨ててもらわなければなりません。

皆さんが持っている成功やお金や、お金の儲け方、そして夢や希望という言葉に対して持っている普通の考え方を捨ててもらわなければ、成功法則を身に着けることはできません。

何故かと言えば、こういった基本的な物事に対する新しい、正しい常識を持つことなしには、私がこれから説く成功法則を学ぶことは出来ないからです。

本当の事を言えば、実はこれらの新しい常識は、私が成功法則を発見してゆく過程で徐々に気が付いていったものでした。今は簡単に皆さんにその考えを披露する事ができますが、私自身、その新しい常識を発見した時は、それが世間の常識と全く異なるので、大いに戸惑ったものです。

次に、世の中の常識的と思われる考え方をいくつか例として並べてみます。皆さんは、その考え方に賛成か反対かを、○か×をつけて判断してみてください。

1　健康　健康は食べ物と運動で作るものである。
よい食べ物を選び、適度な運動をする事によって健康な体を作る。

2　お金の稼ぎ方について　お金は汗水たらして働いて、その代価として得るものである。

3　あぶく銭　あぶく銭は良くないものである。

4　幸せ　人の幸福感はそれぞれに違うので、一概に定義はできない。

5　夢　将来の目標や希望であり、人生にとってとても大事なものである。

6　努力　努力は成功し、幸せになる為に不可欠なものである。

7　未来　未来に何が起こるかなどは全く分からない。自分の人生に夢は持っても、確実な未来などない。

常識家の方は、この考えの全てに「マル」をつけたはずです。
何故なら、これらの考え方こそ、まさに現代日本における常識だからです。

しかし、私、松本和彦流の新常識の観点からすると、これらの常識は全て誤っています。

私なら、以上の7つの文章に全て×をつけます。

それでは、松本和彦流の新しい常識を、以上の7つの項目について、ご披露したいと思います。

1　健康　健康は自らの潜在意識に対する積極的な働きかけで作る事が出来る。食物や運動は二の次である。潜在意識は、遺伝子レベルで人間の体を作りかえる事が出来る。（私はこれでアルコール依存症も治しました。）

私はZONEダイエットという食事による健康法を推奨していますが、それ以前に心の持ち方が一番の基礎になるということです。

2　お金の稼ぎ方　お金は勿論、働いて得る事もできますが、働かなくても得る事が出来ます。正しい投資方法を知っていれば、お金にお金を稼いでもらう事も出来ます。又、汗水たらして働かなくても、アイディアや発想や人脈だけでもお金は稼ぐ事は出来ます。

3　あぶく銭　幸運に手に入れたお金は、それ自体は悪いものではありません。生産的な目的の為に、堂々と使うべきです。ただし、あぶく銭をまたあぶく銭を儲けるような商売に投資してはいけません。つまりギャンブルで稼いだカネを更にギャンブルに再投資したり、株式で儲けたカネを更に株式に再投資するのは愚かなことです。

自分自身の成長の為に積極的に投資すべきです。こういったお金については、初めから何に使うかを決めておくことがよいでしょう。

4　幸せ　常識に反して、人間の幸せに必要な要素は、決まっています。私が考えたところ、それは具体的に11項目からなっています。この11項目の目標を達成しようと行動する事によって、幸せは計画的に手に入れることができます。この11項目に関しては、この本の中で詳しく説明したいと思います。

5 夢 私は「夢」という言葉はなるべく用いないようにしています。夢ではなくて、具体的な目標(ゴール)を設定することが大事です。夢という言葉には通常、4種類の全く異なった意味があります。第1は睡眠中に見る夢、第2はどうでもいいがあれば望ましいような状態、第3は実現したいが絶対にかなわない状態、第4は目標。

夢と言った途端に、実現性が遠のいてしまいます。夢という言葉を避けて、具体的な目標を設定しましょう。人生に夢はなくてもよいのです。希望という言葉は、夢という言葉より、もっと無責任でいい加減な感じがするので、私はこの言葉もなるべく使わないようにしています。

6 努力 私は努力はしません。正確に言うと、初めから好きな事しか仕事に選んでいないので、努力しているという感じはないのです。

「努力」とは、嫌いなことを無理やりやっている時に生じる抵抗感のことです。一生懸命遊んでいる子供を、努力しているとは言いません。子供が一心不乱に遊ぶように、仕事に打ち込みたいものです。ですから、幸せになるにも、お金儲けをするにも、実は努力は敵なのです。

7 未来 私は未来は、大雑把に決まっていると思っています。感覚的に言うと30度くらいの幅で、大体決まっているのですね。正しい方向性を選べば、おのずと未来は確かなものとして決まってきます。

その決まった未来の中にも、いくつかの選択肢はあります。つまり「松竹梅」からどのコースを選ぶかという選択は残るのです。自分の人生に対する正しい使命感をもてば、自分の将来は、大体、自分の力で決めることができます。後はその中から、よりよいモノを選ぶようにするだけです。

私のような特質はマレかもしれませんが、皆さんも人それぞれに必ず特質をもっているはずです。

以上、述べただけでは、読者の皆さんは、何が何だか分からないかもしれません。

しかし、この本を読み通して頂ければ、私が提唱する「新常識」に必ず、同意してくださるものと思います。

こういった考え方が身につけば、あなたは難なく、「遊びながら幸せに儲けること」が出来るようになるのです。私はこれを「幸せレシピ」と呼んでいます。

成功していない人は、成功法則を知らないだけなのです。
幸せでない人は、幸せになる方法を知らないだけなのです。

言い換えれば、**「無知」ゆえの不成功**であり、**「無知」ゆえの不幸**なのです。

この無知を克服する具体的な方法（「幸せレシピ」）を、第1章から、詳しく皆さんにお教えしてゆきましょう。

私が絶望のどん底から立ち上がり、掴み取った「幸せレシピ」のエッセンスを、皆さんも是非、手に入れて実践してください。この「幸せレシピ」が広まり、一人でも多くの人が、幸せになってくださることが、私の幸せでもあります。

だから"目標"は実現できる！

第1章

99％の人がいえない「幸せの定義」とは？

私はたくさんの講演やコンサルティングを行なっています。それで多くの人に出会うのですが、私は「幸せとは何ですか？」と、その皆さんに聞いています。この本は、幸せになる方法をみなさんに教える本ですが、そもそも「幸せとは何か」が分からなければ、幸せになれるわけがありません。

幸せの中身とは何なのでしょうか？

少し、堅苦しい言い方をすれば、「幸せの定義」とは何なのでしょうか？皆さんと一緒に考えていきたいと思います。

■幸せには、いろんな要素が必要！

「あなたにとって幸せとは何ですか？」と聞くと、色々な答えを頂きます。
「家族団らんの時」とか、
「お金が儲かった時」とか、

「美味しいものを食べた時」

などという答えが多いですね。

又、男の人なら一般的に「やりがいのある仕事をやり終えたとき」という答えにも、よく出会います。


こういった答えは、実はみんな間違ってはいないのですね。

みんな正しいのです。


しかし、どれ一つでも、それだけでは「幸せ」ということにはいきません。


先ず、「幸せ」の基本は、健康ということです。健康でなければ、幸せにはなりません。

これは勿論、そうなのですが、健康だから「イコール幸せ」というわけにもいきません。


幸せになるには勿論、ある程度の経済的安定も必要でしょう。現代の社会では「お金」ということになりますね。ある程度、安定した収入がなければ、幸せとはいえません。

しかし大金持ちだから、「イコール幸せ」というわけでもありません。資産家の家に生まれても、お金には恵まれているのに不幸だという人もいっぱいいます。

対人関係もよくなければいけませんね。家族や友人との暖かい絆がなければ、人生は生きるに値しません。これも絶対に必要な幸せの条件の1つでしょう。

しかし素晴らしい家族や友人に恵まれていても、自分が病気で貧しい生活を余儀なくされていれば、それは幸せと呼ぶ事はできないと思います。


このように考えてゆくと、幸せというのは、実は色々な要素から成り立っている複合的な目標であるということが分かります。

人間というのは贅沢なもので、こういったいくつもの要素が満たされないと、幸せとは言えないのです。


エネルギーを多く持った人は、男であれ、女であれ、やりがいのある仕事を求めます。やりがいのある仕事の達成感は大きな満足をもたらしてくれます。

家族や経済的安定、そして健康に恵まれていても、やりがいのある仕事が見つけられないと、エネルギッシュな人間は、自分が不幸だと感じてしまいます。

逆に、大きな仕事の達成感がなくても幸福感を感じられる人もいます。これは個々人により、大きな差があると思います。

しかしエネルギーがある人であれ、ない人であれ、共通しているのは、「世の中から自分の存在が認められている」という満足感が必要だということです。

大きな満足感を必要とする人もいるし、小さな満足感で充足する人もいます。しかし、社会一般、自分の周りから、人間として高い評価を受けているということは、どんな人にも必要な幸せの条件です。

これだけでは、幸せには「いろんな要素がいるんだなぁー」という事だけで終わってしまいますので、次に、具体的に**「幸せの中身」**について考えてみたいと思います。

これには、アブラハム・マズロー（１９０８年～１９７０年）というアメリカの心理学者が言い出した「欲求の５段階説」を参考とするのが、分かりやすいでしょう。

マズローは、人間の欲求を５段階に分けました。マズローが分類したのは「欲求」であって「幸せ」ではありません。しかし、欲求を満足することが幸せでもあるのですから、これは見方をかえれば**「幸せの５段階」**と呼ぶこともできます。

これを具体的に段階的に説明してゆきましょう。

一番、基礎になるのが、生存欲求、つまり**「生理的欲求のレベル」**です。

人間は、一定以上の食べ物を食べ、水を飲み、睡眠をとらなければ生きてゆけません。生き延びる為には、最低限の生理的欲求を満たす必要があります。

まず、生きること、生き延びること。

言い換えれば、生きるために、「生理的要求を満たすこと」これが、一番、基礎になる欲求です。

第2段階が、**「安全欲求」**です。

人間も動物ですから、最低限、生き延びているだけではなく、生きていれば当然、より安全に生きたいという欲求を持ち続けます。自分の身が安全であるということ。命や存在を犯されないこと。これが重要に

■マズローの欲求5段階説

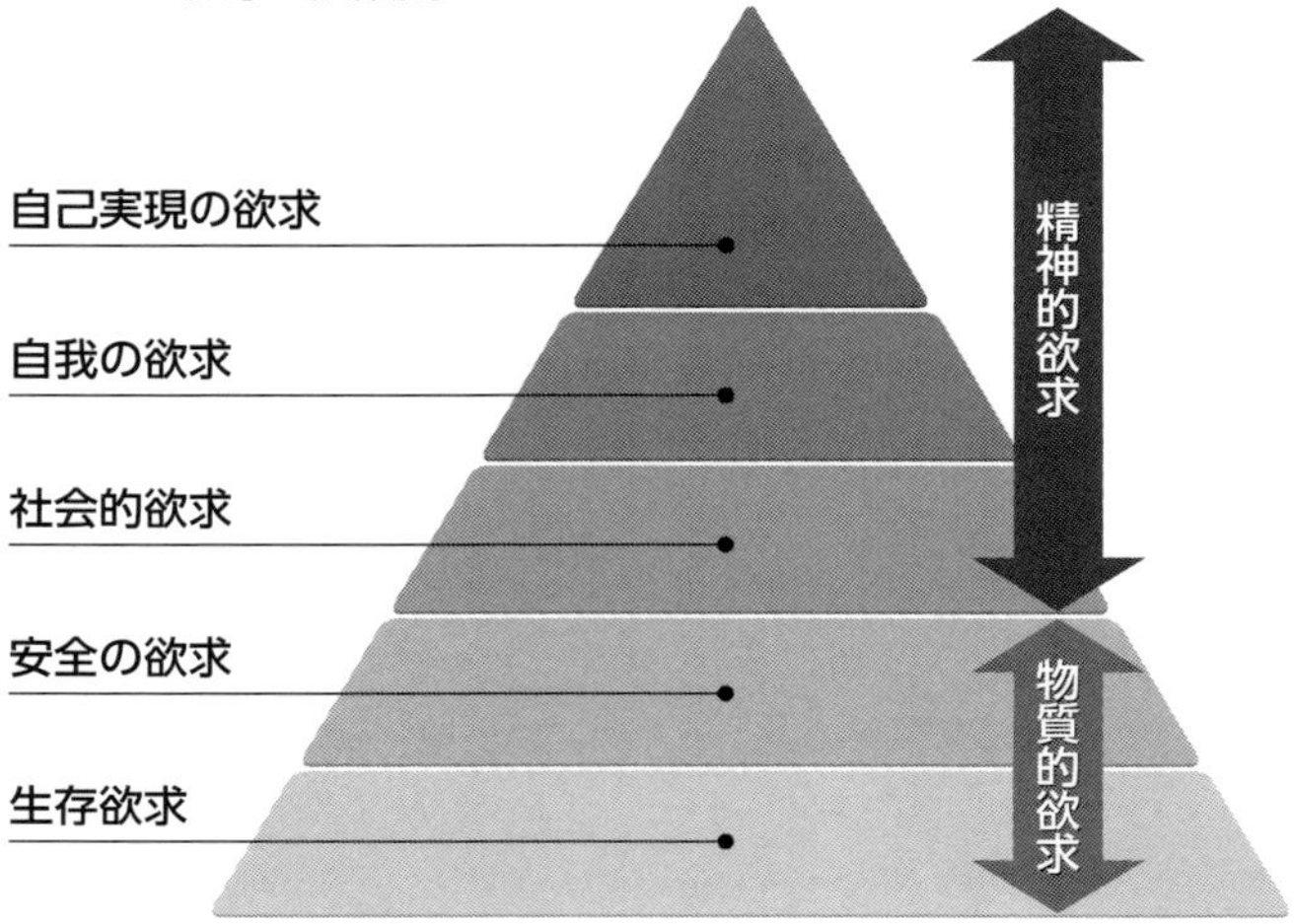

なります。

これは人間の社会では、単に肉体的に安全であるというばかりではなく、社会的に安全であるという意味も出てきます。そうなると、単に生きているだけではなく、先ず「健康であること」が必要になります。そしてある程度の「経済的安定」も必要になります。

そして自分自身で自分の行動を決められるという「自由」も当然、必要になってきます。

安全欲求はより具体的には、健康、お金、自由の必要ということになります。

第3段階目が、社会的欲求で、言い換えれば、**「愛情・帰属欲求」**です。

生理的欲求が満たされ、また安全欲求が満たされていても、それだけでは人間は幸せを感じることが出来ません。

生理的欲求や安全欲求が満たされると、次に人間が求めるのは、家族や仲間と一体であるという心理的な満足です。これを「愛情・帰属欲求」と呼んでいます。家族や仲間との強い絆が感じられるということが、人間としての幸福感には、どうしても必要なものなのです。

第4段階目は、自我の欲求、つまり、**「承認・尊重欲求」**です。

これは、「人から高い評価を得たい」「人から褒められたい」という社会的欲求のことです。

自分自身の存在を認めてもらい、相手に喜んでもらえる。

そして、社会の多くの人達から尊敬され、称賛される。

芸能人や政治家の多くは、この承認・尊重欲求の強い人達であると思います。

しかし、誰でも、人から褒められたい、認められたいという欲求はもっていますから、この第4段階目の欲求も、人間の幸福感には欠かすことが出来ません。


第5段階目の欲求が、**「自己実現欲求」**です。

これは、能力的・精神的に、自分が成長したという満足が欲しいという欲求です。

新たな発見、出会い、気付きを受け入れ、自らが成長したと感じた時に、人はもっとも高い満足感を覚えます。

この自己実現欲求が満たされた時に、人は最も高いレベルの満足感・幸福感を得ることが出来るのです。


以上の、5段階の満足感を比較してみると、はじめの「生理的欲求」と「安全欲求」は、**必要価値と物質的欲求**を表しており、それ以上の3段階の欲求は、**付加価値と精神的欲求**を表しています。

「必要価値」というのは、即ち、それが無ければ絶対に幸せを感じることが出来ないという価値です。

先ず、生命を維持しなければ、幸せは有り得ません。

次に、健康や安定した収入や自由が確保できなければ、幸せにはなれません。

この２つのレベルは幸せの為の「絶対必要条件」と言えるでしょう。

この２つの欲求のレベルが、ピラミッドの土台を構成しています。


この土台の上に乗っている３段階は、「付加価値」の部分です。

上に行くほど、高い満足感を得ることができます。


「自己実現欲求」これは「自己成長欲求」といっても良いのですが、この為には、人は大変多くの対価を払っても満足するものです。

学問や芸術に、人が多くのお金や時間やエネルギーを投入するのは、この自己実現欲求の為といってもよいでしょう。必ずしも金銭的な報奨を得られなくても、自らの能力や精神の成長を確かめられれば、人は多くの対価を費やす事を厭いません。


マズローの５段階欲求理論を松本流に修正した「幸せの５段階説」を次に図で示してお

きます。

■幸せを構成する11のゴールを創る

マズローの5段階欲求論を、もう少し分解して、具体的な言葉になおします。

私は、幸せの要素を、11に分けました。つまり、幸せの中身とは、この11の項目にわたって目標を立てて、それに向かって行動することなのです。

例えば、私は第2段階の「安全欲求」を、お金・自由・健康という3つの要素に分け

■幸せの5段階説

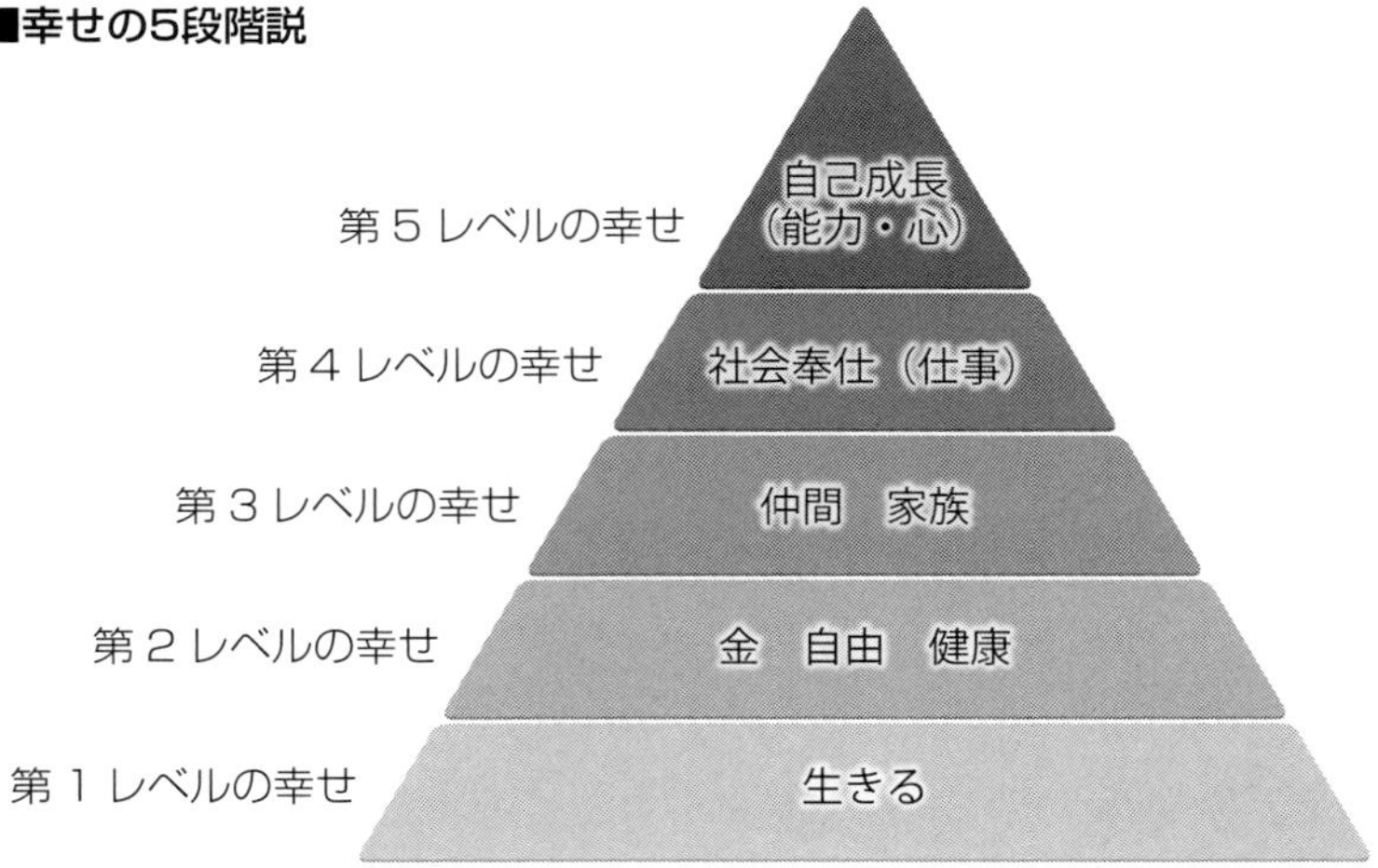

て考えます。

第5段階目の「自己成長」を、私はさらに2つに分けています。

1つは「自己の能力と技術の最大化」、もう1つが「心（精神）そのものの成長」です。

このようにすると、幸せの中身は全部で11項目ということになります。それを書きだすと以下のようになります。

1. 生きること
2. お金
3. 自由
4. 健康
5. 家族

■幸せを構成する11のゴール

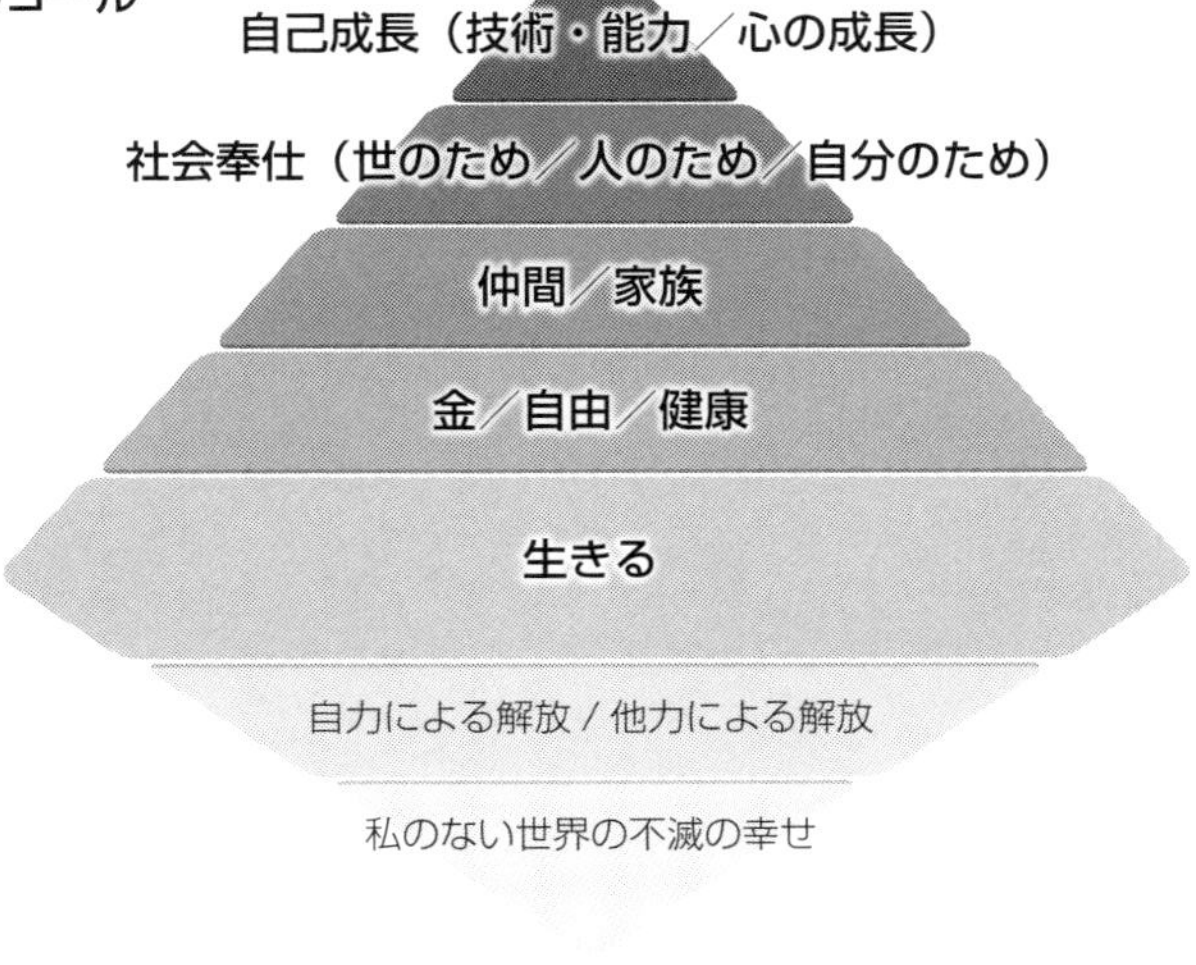

6. 友達・仲間
7. 世の中の為に貢献する
8. 他人（隣人）の為に貢献する
9. 自分の為に貢献する
10. 自己の能力・技術の最大化
11. 心の成長

この11項目それぞれについて、短期と中期と長期の目標を立てます。

短期は常にクリアしてゆくべき「実践目標」です。

中期は3年から5年で達成してゆくゴールで、これがいわゆる世間でいう所の「目標」になります。

長期はどちらかというと、やってもやっても達成しきれないような目標がよいと思います。例えば、お金の項目で言えば、「いくら使っても一生お金に困らない」というような目標にしておくと良いのです。そうすると、この目標を変える必要はなくなります。

	幸せの項目	短期目標	中期目標	長期目標
1	生きること			
2	お金			
3	自由			
4	健康			
5	家族			
6	友達・仲間			
7	世の中の為に貢献する			
8	他人（隣人）の為に貢献する			
9	自分の為に貢献する			
10	自己の能力・技術の最大化			
11	心の成長			

この11項目の短期・中期・長期の目標をメンテナンスしながら、継続的に実行してゆくこと。これが私の具体的な幸せの定義です。


つまり、幸せを創り上げてゆく要素を日々、創造してゆくということです。

この創造の過程そのものが幸せなのです。


このように短期・中期・長期の目標を組み立てておけば、短期・中期の目標が達成できれば、新しい目標に切り替えてゆきます。

長期の目標を変える必要はありません。

こうしておけば、完全に目標をクリアしてゼロになるということはありません。

そこで、行動し続ける事になります。


11項目を満足させるように、常に行動してゆくこと、それ自体が幸せなのです。

それが私、松本和彦の幸せ論です。


行動し続けることが「成功」なのです。

第１章

99%の人がいえない「幸せの定義」とは？

■「不幸せ」とは行動を止めること、目標に向かって「行動」することが幸せへの道

具体的な11項目の目標達成の為に、何でもいいから、先ずは1歩ふみだして行動する事。少しでも前に進むこと。この瞬間から「幸せ」に向かい始めます。

行動することそのものが幸せなのです。

逆に、**【幸せの真逆の状態＝不幸せ】とは、「行動を止めること」**だと考えています。

つまり、「100％満足」「もう、これでいいや」と感じ、**行動を止めてしまった時点で「不幸せのもと」が1つ増える**と思っています。

「悲しみ」と「不幸せ」はイコールではない。

私は、もっとも身近な人である妻が亡くなった時に、「今、私は不幸なのか？」と考えたことがあります。

確かに大切な人が亡くなれば、物凄く辛いですし、悲しいものです。

しかし、その時「〝不幸せ〟というのは、次に発展しようというのを止めた時のはず！」

と、心の声がしました。

この時、私は**「悲しみは行動を止める要素にはなってしまうけれど、実際に悲しみが原因で行動が止まってしまった時が不幸せなら、明日からも止まらなければいいのではないか？」**と深く考えさせられたのです。

つまりその時、最も心が痛み、悲しい瞬間ではありましたが、「幸せの構造」というのを分かっていました。

だから「ここで立ち止まってしまったら、本当に不幸になってしまう」「動き続けなければ」という恐怖感から、歩みを止めませんでした。これは決して、感情を押し殺したり、痛みや悲しみや紛らわせるために行動したというわけではありません。

「幸せの定義」を知っていたからこそ、**「悲しみは不幸とは別」**と、無理することなく、理解することができました。

そこで、目標に向かって行動し続けるという事を止めずにすんだのだと思います。

まさに、幸せの構造を知っているからこそ、「ここで不幸になるわけがない」と自然と理解できる。

そう思っていることも大事です。

体が覚えているからこそ、妻が亡くなったという悲しみのどん底にいた時にも、自然にできたのです。

世の中には残念ながら、「幸せを求め、幸せに向かって生きる」という生き方とは逆に、「不幸せ好き」という人もいます。

自分自身で「不幸せな状態」を選んでしまって、停滞してしまっている人もいます。残念なことです。

これでは「幸せ」にはなれません。

あるいは「幸せの構造」を単に知らないことで、この状態に陥ってしまっている（行動が止まっている）人も多くいるのだと思います。

人生には様々な試練があります。

愛する人との別れや、天災、突然の事故など、悲しい出来事にも遭遇するものです。

しかし、「幸せの構造」を知り、マスターし、**「幸せ」に向かって行動し続ける事**で「幸せ」は、自分のその時の境遇とは別に、創り出せるのです。

「考え」も「行動」の１つですから、前向きに目標に向かって、「行動することが幸せなんだ」と知り、**「幸せになるぞ！　と考え出す」だけでも、幸せへの最初の一歩になります。**

第2章

幸せのスタートは、「自分が何者か?」を知る事

人間のミッション(使命)とは何か

人生における使命（ミッション）を知るとは、どういうことなのでしょうか。
このことは、とても、とても大事です。

何故なら、このことをおろそかにしていた為に、私はアルコール依存症になってしまったのですから。

アルコール依存症から回復した後からみれば、当たり前のことなのですが、この「ミッションの自覚」が幸福論の基礎中の基礎ということになります。

人間はなぜこの世に生まれてくるのでしょうか？
人間がこの世に生まれて来る、その役割とは何でしょうか？

■ミッションを決めるとストレスは無くなる

「人それぞれのミッション、生まれてきた理由とは？」

人間はそれぞれ違いがあり、なにがしか他人には無い、自身だけに備わった特質があります。

その特質とは、先祖から授かったDNAからなる、他人よりアドバンテージを持った「持ち味」のことです。

私の「ミッション」の定義は、**「世のため人の為、自分の為に、元々もって生まれた人とは違う自分の『特質』を生かして、このアドバンテージ（優れた点）を１２０％の力で行動して達成すること」**です。

そして、**ある一定の方向性、そのベクトルの範囲内で、さまざまな目標を作って、それを達成する行動自体が、成功であり、幸せ**です。

しかし現在の世の中では、画一化された教育をされているので、自分の特質が何なのか、考えるキッカケさえ持ちにくいことが多いでしょう。

「自分の持ち味が何なのか？」それを探ることをしないのです。

自分の特質を、意識さえしていないのです。

だれが同じ教科書で、同じ法律の下で、同じように教育することを決めたのでしょうか？

そもそも「その」流れに乗ることが、自分の人生にとって、ベストの選択だったのでしょうか？


殆どの人は疑いもせず、その時々の他人の決めた決めごと（レール）に沿って何となく生きています。

それが普通、いや、「一番良いことのはずだ」と思い込んで生きているのにすぎません。

そんなものではないでしょうか？


なんで勉強しなければならないの？

なんで仕事しなきゃならないの？

給料で仕事を選んでいいの？


私はそんな世の中の単純な疑問に、子供の頃から気付いていました。

「当たり前とされることに疑問をもつこと。それこそが私の特質だ」と、明確に自覚したのは40歳を過ぎてからでした。

「もしかしたら、世間の言うことに疑問をもつこと自体が、自分の特質かもしれない」

と確信するようになったのです。

それを活かして、「世のため人のため、自分のために何かしよう」として決めた私のミッションの一つが「世の中のバイアス（歪み）のかかった考え方を浮き彫りにし、修正して真実の姿を表現すること」でした。


人、そして企業が、最終的に一番欲しいものは「幸せ」のはずです。

なのに、その定義付けすらされていない現実。

「美味しいものとは何か？」「楽しさとは？」の定義さえもされていない。

建築家たちは、仕事では図面を書いて精密に設計するくせに、一番大事な自分の人生には建築計画も設計図も引かない。

等々、たくさんの矛盾、あやふやで歪んだ事実があります。

「こうした矛盾を修正していく事こそが私のミッションだ」と気付いた私は、疑問を抱いたテーマ、全てに自身の価値観をあてはめて、自分なりの定義を見付けていきました。

そうすると、何事も物凄くスムーズに良い方向に進むのです。

仕事でのマーケティングも、人の購買動機も、人生の設計の仕方も、商品の作り方も、見事に分かってきました。

私のような特質はマレかもしれませんが、皆さんも人それぞれに必ず特質をもっているはずです。

ミッションは、イコール肩書でも商品でも職業でもないと思います。

「自分の特性を活かして世のため、人のため、自分のために行動すること」

これこそがミッションです。

では、具体的に、どのようにしてミッションを見付け、自覚してゆけばよいのか、その方法をご紹介しましょう。

■ミッションは生まれた時から決まっている

私自身は、「世の為、人の為、自分の為に、自身の能力を精一杯使えること」こそがミッションだと考えています。

しかし、そのミッションを探るためには、どうしたらよいのでしょうか?

私は2通りのミッションの探り方があると思っています。

自分のやりたいことを一杯書くという方法。

もう1つは四柱推命や数秘術などを使って、自分の生まれてきた星、特性を知るヒントを得ること。

偶然かもしれませんが、私の場合は、どちらからやっても同じ答えがでました。

重要なポイントは、**「今まで自分が気づけなかった自分の本質を理解する」**ということでした。

人は、何が苦手で、何が得意かは、生まれて来てからの体験で、ある程度は自覚しているつもりでしょう。

その時々の外部環境で「自分はこういう人間に違いない」、「これが得意だ」と考えていた人にも、それとは**全く別の「意外な自分」**を発見できることもあります。

これこそが、大きな捉えどころだと思います。

「本来のミッション」と、「自分が出来ること」は、少し違っていている場合が多いものです。

あれ?と、疑問に思われた方もいるでしょう。

このことは、とても大切な事ですので、後程、私の人生体験をもとにじっくりと説明させて頂きます。

●「自分のやりたいことを一杯書きだしてみるという方法」について

まずは、思いつく限り、何でもいいから200個くらい、紙に、自分のしてみたいことを一気に書きだしてみます。あまり頭でジックリ考え込むことなく、直感に従って、止まらず一気に書きだすのがポイントです。

次から次に、してみたいこと、行ってみたいところ、なってみたい理想について、思いつく限り、200個を目標に、書き続けます。

そして、思いっきり書きだしたものの中から、チョイスします。


大量に書きだした項目の中から、「どうしてもやりたいこと」を10個から20個くらい厳選してみます。

その10個、20個、を1年間ほど、実際に試行錯誤しながら試してみます。試しながら、新たに「してみたいこと」が生まれたら加えてもいいですし、変更してもかまいません。


またそれを1年。

「更に、厳選しては実際に試してみる」という事を繰り返していると、だんだん、「本当にやりたいこと」が見えてくるというわけです。


不思議な事に、これを丹念に繰り返してゆくと、いつのまにか「自分が選択したものというのは、実際に起こり得ることしか選んでいない」という事に、気付いてきます。直観にしたがって、やってゆく中で、気付く瞬間がでてくるのでしょう。

実は、これが「凄い発見」なのです。

ミッションはそのような道に出来ていますので、自分自身でそこに気付けるとラッキーですね。

「それをやっている限りは楽しくて仕方がない」

「これをやっていれば、うまくいく」

ミッション（使命）に気付き、特性を知るというのは、元々、生まれた時からそのようにできているからです。

●四柱推命など、自分に相性のよい占い等を使ってみる方法

次に、「占い」などを使ってみる方法ですが、四柱推命でも占星術、数秘術など、人それぞれ、相性があるでしょうから、直感のおもむくまま、色々試してみるといいと思います。その中で、提示される情報をヒントにしてゆけばいいのです。

占いなどの結果について、「全く当たっていない」と極端に言い切る人は、少し危険じゃないかと感じています。

これは、「占いを無批判に信じろ」というのではありません。

しかし、一見、非科学的と見える占いの類に、人に気付きを与えるヒントが隠されている事が多いのです。


時々、占いの結果を、全否定する人がいます。

占いで示される情報と極端にかけ離れた状態にあるという人。

どの占いを試しても、その結果に「絶対そんなわけがない」「見事に正反対だ」と感じたという人は、「自分のミッション、天から授かったものと違う人生を送っている状態ではないか？」と、一度、違った視点から考えてみるキッカケにすればといいと思います。


「自分の生きる方向性」

これが一番大切なものだと思います。

■生まれた時から持っている「資産」を見つける

そもそも人間のミッション（使命）とは「自身の資産（生まれつき持っているもの）を使って、世のため、人のため、自身のために行動する」ということです。

私は、人間はそのミッションを達成するためにこの世にいるのだ、と考えています。

人間は生まれた時からすべての人が「他人と違うもの」を持っています。

それこそが資産です。

ここでいう「資産」とは、お金の事ではありません。

「資産」とは、自身の持つ「ミッションを達成するための道具（能力）」なのです。

ですから、「資産」が何か分かれば、自ずと「ミッション」も見えてきます。

それは又、「自分は何をするために生まれてきたか、何者か」を知るための、大きなヒントになるものです。

自分の「資産を見つける」ということは、幸せになる為の大変重要な要素になります。

たとえば「手先が器用である」ということなども、資産の1つです。その器用さを活かして、料理を作ったり、鉄の加工をしたりできることは、生まれつきの才能です。その器用さという才能を活かして職人として仕事につけば、自ずとミッションが決まってきます。


「自分の持って生まれた特性なんて分からない」

「資産なんてどうやって見つければいいのですか」

と聞かれることがあります。


では具体的に、どうやって自分の「資産」を見付けてゆけばよいか。

そのヒントとして、実際に私の行なってきた方法をお伝えしましょう。


私の場合、「資産（生まれつきもっている特性）」を発見する方法として、先程、紹介した2つの方法論を用いました。

1つは四柱推命です。

もう1つは、「自分のやりたい目標」を、私は500個、書きだしました。

四柱推命は中国発祥の古い占いですが、自分では今まで気付かなかった自分の特性を発見するのに少なからず役に立ちました。

自分は、無口だと思っていたが、案外、人前で話す事に向いているとか、不器用だと思っていたが、意外に職人タイプであったとか、様々なヒントを与えてくれました。

四柱推命に拘るわけではありません。占星術など、様々な占いなどが、意外に「自分の眠っている可能性」を探すヒントとして、役に立ってくれるのです。

後で説明しますが、何も非科学的な占いを信じろということではありません。こういった「常識外の知恵」が、案外、人間に今まで見えなかった気付きや新たな視点を与えてくれるものなのです。非日常的な叡智と言ってもよいでしょう。

次に、先程のミッション探りの方法と同様、「自分がやりたい目標」を、とにかく一気に書きだしてゆくのです。一生懸命、頑張れば、１００個や２００個は書きだせると思います。

しかし３００個を超えて、「もうこれ以上はかけない」という限界から、更に、絞り出すように書いていると、実に面白いことが起きてきます。

「私は意外にも、こんなことがしたかったんだ」

と驚くような発見に出会えることが、しばしばあるのです。

その意味で、敢えて、プレッシャーをかけての「目標500個の書きだし」も、自分の「資産」に気付く為のよい方法なのです。

■「資産」を活かし、ミッションに沿った生き方を

「他人と違う自分の特性」、「人とは違うこと」その事は即ち「資産」になると考えて良いでしょう。

自分の特性を殺さずに目標を立てることが即ち「ミッションに沿った生き方」ということになります。

反対を言えば、「多くの人がそうだから」とか「世間の常識ではこうだから」「親が薦めるから」などと、人との違いをムリに矯正した生き方は、自分の「資産」や特性が分からず、人生のミッションから外れてしまうことになってしまいます。

生まれつき横着でせっかちだったりするならば、その特性を生かして合理性を突き詰めた仕事をすればいいのです。

「自分は飽きっぽい」というのなら、毎日でも違う仕事をすればいいでしょう。

前者であれば、物事を解く方程式を作り、そこにあてはめながら素早く解決する方法を作るとか、「迅速な問題解決能力」を売りにするような仕事がいいでしょう。

飽きっぽい人は、毎日、決まった仕事を繰り返しすることが得意な人からすれば、信じられないはずです。

「よくもあんなに、毎日新しいことを考えてしんどくないのか」と思われるような、創造的な仕事を選択すればよいのです。

ちなみに私は、この2つの特性が当てはまっています。

つまり、私は「横着」で「飽きっぽい」のです。

そこで、この特性を生かして「幸せの法則」や「マーケティング・メソッド」を開発し、物事をこの方程式にあてはめて考えるようになりました。

これを使えば、ある一定の要素を組み込むだけで、いつでも答えがスラスラ出てきます。

また、いつも違う仕事、商品を作ることで、飽きることなく、常にアイデアが浮かんでくる瞬間を楽しむ事ができます。

これは私が特別なわけでなく、自分の持って生まれた「資産」に気づき、それを大事にしながら、日々、行動しているうちに段々と出来上がってきたことなのです。

まさに、「資産」を生かして、自分の能力を作ってきた結果なのです。

■生まれてから経験し、獲得した「武器」を確認する

一般に、自分の特技やスキルなどの強みを「自分の武器」と呼ぶことがあります。

私がいう「武器」とは、生まれた時から備わっている「資産（才能・適性）」と区別して、別に扱っています。

「資産」と「武器」は、似て非なるものです。

「資産」とは、生まれながらに持っているものですが、
「武器」とは、「自身の経験で得た、差別化された特技（スキル）」と言えます。

例えば、肉体労働で鍛えられた筋力や体力は「武器」です。
勉強して得られた「語学力」や「知識」も「武器」になります。

これは一定の頑張りがあれば、後天的に誰でも得られます。
「資産」は元々生まれつき持っているものですので、そこが違いです。

最初から、迷いなく、自分の使命も資産も分かっていて、ミッション一直線という人はきわめてマレでしょう。
人生、近道にこしたことはないのでしょうが、仮に、ミッションに気付く事が出来ず、どれだけ遠回りをしてしまったとしても、人生に無駄はありません。

というのも、どれだけ遠回りしまう人生でも、その中で体験し、得た経験は、全て自分の「武器」にすることができるからです。

その中で見聞きし、味わった経験の全てを「武器」にすることができるのです。

そして、この「武器」はたくさんあればあるほど、自分のミッションに気付き、目標に邁進する中で、役立てる事が出来るのです。

第3章

目標設定は面白くて足が震えるレベル

Happy Success Club
HSC
10000人
America
120 years old
model

前の第2章では、**「ミッション」を自覚することの重要性**について、お話ししました。
これが全てのスタートラインです。
しかし、それを実現する為には、具体的な目標設定が必要です。

第1章の終わりの方でお話ししたことを思い出してください。
「目標設定はあくまで具体的に」というのが、大事なポイントです。
マズローの5段階欲求説に基づく、松本流の幸せ理論の中身である11項目。
これを思い出してください。

具体的な目標設定を考える作業というと、緻密な仕事の計画で、面白くなさそうに感じられるかもしれません。

ところが、これが全く逆なのです。

私にとって目標設定くらい、ドキドキ、ワクワクするものはありません。

目標設定とは、面白くて、エキサイティングで……、本当にもう、足が震えちゃうくらい楽しい作業なのです。

この章では、この事について、詳しくお話ししようと思います。

また、この目標設定が面白くなければ、その目標自体が間違っていると考えてもらって差し支えありません。

つまり、ミッションから外れた目標が入ってきたら、あなたの心はワクワク、ドキドキしないのです。

「ワクワク、ドキドキしなかったら目標設定じゃない！」

ぐらいに考えてください。

■１００％達成した目標

私は13年にわたり、延べ２０００個程度の目標リスト（候補）を作りました。

その中から厳選したもの、約30個を現在の目標にしています。

この作業には、かなりの時間をかけて吟味し、これだと思うものをチョイスしています。

ですから、これらの目標は、やり遂げられれば価値があって、なおかつ、どうしても達成したい目標なのです。

達成しやすいかどうかは、考慮していません。

これは勝手な思い込みかもしれませんが、どうも私は**「将来達成できるものの中から、一番価値のあるものを選んでいるにすぎない」**ようなのです。

それほど目標というものは、「自分が選ぶもの」であるし、真剣に選べば「将来起こりうることの中でも、かなりの価値のあるものであることだ」ということがわかります。

実際、私は自分の設定した目標で、すごく価値があり、絶対に達成したい目標は、ほぼ100％達成してきました。

達成のプロセスは驚くほど偶然です（しかし、必然です！）。

どういうことだか、実感して頂くために、実例をお話ししましょう。

「東大の医学部学生向けに講義をしたい」という目標を作ったときのことです。

私の行きつけの理容サロンで、施術の終わったばかりの東大病院のあるドクターとお会いしました。このドクターも理容サロンの常連だったのですね。

何気なくはじめた雑談から話が発展し、私の医学部学生向けの講義がとんとん拍子に実現してしまったのです。

目標が実現する時は、こんな風に、一見、偶然のように思える出会いが重なり実現することが多いのです。しかし、後から考えてみると、全てが必然だったように見えてくるから不思議なものです。

また、もう1つの目標が実現した時の話です。

「海外での、できればアメリカ西海岸あたりのおしゃれな街で、私が得意とする店舗デザインや商品開発の仕事をして成功させてみたい」という目標を立てた時です。

これも、ひょんなことから実現しました。

偶々おつき合いのある会社の社長がロサンゼルスに出資した飲食事業が上手く行かなくなり、私をコンサルタントとして紹介くださったのです。

これで、「ロサンゼルスでのマーケティング活動を行なう」という目標が実現できました。

私の現在の目標は、世界30カ国で「遊びながら幸せに儲ける」の講演をするというものです。

これまでに設定した「東大・医学部学生向けの講義」や、「アメリカ西海岸での店舗デザイン、商品開発」などがドンピシャで達成されたことを思うと、「えっ、これも将来、起こることなの？」と自然に思えてきます。

自分が講演する姿、聴衆が歓喜する姿、そして世界中からオファーが殺到することを想像したとき、足もとに熱が帯び、小刻みに、震えるくらいの喜びを感じます。

もうそこに、喜びがあふれているのです。

実現した2つの目標を考えた時に描いた「目標のイメージ画」が、この章はじめの絵です。

この章では、そんな「目標」の立て方、考え方について、具体的に紹介してゆきます。

■夢を斬れ！ 夢は実現しない

私は「夢の実現」という言葉が嫌いです！

本当に叶えたい目標を「夢」と言ってはいけません。

巷で良く聞かれる「夢」という言葉について、私の独断と偏見的な考えを御披露しましょう。

私は「夢の実現」という言葉を聞くと、いつも**ドキッ**とします。

第3章

目標設定は面白くて足が震えるレベル

「夢をもて」
「希望をもて」
という言葉は、大嫌いです。

「あなたの夢は何ですか?」と聞かれると、どう反応するでしょうか。

本当は「野球選手になって日本一になること」とか「宇宙に住んでみたい」と、言いたいのでしょう。

しかし、そういうと周りの人から「そんなの夢じゃなくて、あり得ないことだ」と言われるのがオチなので、口に出すことができません。そこで、渋々「世界旅行がしたい」などと、とりあえず無難な返事をすることになってしまいます。

私は「(私の夢は)日本一儲けさせてくれるコンサルタントと呼ばれることです」などと、絶対に言いたくありません。

なぜかと言えば、私にとって目標とは、**実際に実現すること**だからです。

それは、私にとっての本当に達成したい目標であって、決して「夢」ではないからです。

■松坂大輔投手の名言

野球の松坂大輔投手が、日本のプロ野球に入って間もないころの事だと思いますが、彼が女性のアナウンサーのインタビューを受けていました。

この時、女性アナウンサーが「松坂選手の夢はなんですか？」と聞いたところ、松坂選手が素晴らしい言葉を口にしたのです。

「僕は、夢は持ちません。夢という言葉は嫌いです。夢というと、いつまでも実現しそうにないから……。目標ならあります。」

正確な記憶ではありませんが、確か、このようにハッキリと言ったのです。

そして目標として、アメリカのメジャーリーグに行って活躍することをあげていました。

私は感銘を受けました。

流石、一流の選手というものは、若くても心構えが違うなぁーと思いました。
夢を否定して、目標をもつというのは、私と全く同じだったのですね。

■「夢」は4種類ある

「夢」という言葉には、4種類の意味があると思っています。

1. DREAM＝寝ている間にみる夢
2. HOPE＝叶っても叶わなくてもよい、どっちでもよいこと、起こらなくてもいい、希望的なもの
3. FANTAGY＝絶対に起こらないけどあったらいいな　＝「たら、れば」の世界、かなわなさそうなこと
4. GOAL＝確固とした目標（ターゲット）

「夢」という言葉を、「目標」という意味で使う人が多いのは事実です。

しかし私は、絶対に使いません。

私にとって「目標」や「ゴール」は、「達成できること」と考えていますので、当然、「実現してもしなくても、どっちでもよいこと」ではありません。

しかし「夢」という言葉の中には「希望（ホープ）」的な要素も、混ざっています。

ですから「夢を叶えたい」と口にした、その時点で「どっちでも良い〝ホープ〟」という気持ちが含まれてしまうのです。

私にとって「確固とした目標」と「あってもなくてもどっちでも良いホープ」、「たら、ればの世界」を一緒にされるのは、強烈な違和感を感じることです。

ですから私のお弟子さんには、**絶対に「目標」のことを「夢」と言ってはいけない**、と教えています。

潜在意識は、普段、何げなく口にしている言葉を、そのまま受け取ります。

（このことは重要です。後で詳しく解説しましょう）

日頃から「夢」、「夢」といっていると、潜在意識は「どうでも良い希望と確固とした目標が混じった言葉」として捉えてしまいます。

そうすると、本当に達成したい目標がぼやけてしまうのです。

「そんな事、どうでもいいじゃない」と感じられる方もいらっしゃるかもしれませんが、目標の達成率100％近い私は、とにかく「目標」を「夢」というのは嫌いです。絶対に！

■夢より、更にたちの悪い「希望」という言葉

「希望」という言葉も、安易によく使われがちな言葉の1つです。

しかし、この「希望」という言葉は、「夢」以上にもっと漠然とした言葉です。

ハッキリ言えば、「希望」は夢以上に、たちの悪い言葉です。

夢をもってはいけないように、希望ももってはいけません。

「希望ってなんですか？」

「将来、何が起こるのですか？」


希望とは、その「何か」さえ決めていない、漠然としすぎた未来を指す言葉のようです。

その漠然さゆえに、より罪が重いと、私は感じています。

「希望」という言葉を聞いて連想するイメージは、今現在の自分とあまりにギャップがありすぎる未来です。


それは、**実際に行動を起こさない理由になりやすいのです。**


ですから私は、今、絶望している人に向かって、ただ単に「希望をもって頑張れ」というメッセージだけを投げかけるのは、まさに「無責任なパワハラ行為」だと思います。

あるいは「高いノルマ」を押し付けるだけのようにさえ感じられます。

それくらい「希望」という漠然とした言葉は、夢以上にたちの悪い無責任な言葉だと考えるのです。


このように漠然とした言葉を何も考えずに使うのをやめ、具体的な目標に変える。

「ゴール」や「目標」という具体性こそが、大事なのです。
実はこの具体性こそが、目標達成率をあげる秘訣なのです。

今まで、単に「希望をもて」と言われ、「希望」という言葉に違和感や疑問を持った人は、寧ろ正しい感覚と言えるでしょう。
「希望」というと、漠然としていて、自分で考えなければいけない「高すぎるノルマ」によるプレッシャーになりかねません。

まず、今を頑張る。一歩、行動し始める。
「頑張る」というのは今、現在、持っている力を100%とか、120%出すということです。

これは「今」、具体的にできることです。

しかし、既に悩んでいたり、不安を感じている人にとって、漠然と「希望をもて」という言葉を投げかけ、不確定なものに期待をもたせるということは、具体性がなさすぎる為に「不安」が増しやすいのです。
だからこそ、新たな混乱や迷いが生じやすくなる。

今日、今、出来る事をしましょう。
一歩前進。
具体的な行動を、まずは一日、やってみましょう。

■目標は、ミッションの範囲で設定しないと死んでしまうかも……

私のいう「目標」とは、ミッションの中の具体的なやるべき事です。

私のミッションの定義は、**世のため人の為、自分の為に、元々もって生まれた「人とは違う自分の持ち味」を生かして、そのアドバンテージ（持ち味）を１２０％の力で行動して達成することです。**

ある一定の方向性での行動、それ自体が、ミッションだとも思っています。
その方向性の中で、色んな具体的な目標を作って、それ達成する行動自体が、成功であり、幸せです。

ミッションというのはある意味、30度くらいの幅くらいしかないと思っています。
ですから私は、ただ闇雲に「全方位で頑張れ」ということは、薦めていません。

目標を立てる時にも、ミッションが最初に決まっている事が大事です。
人は、単に欲しいものが得られただけでは幸せにならないからです。

ミッションから離れた目標を達成しても、ストレスになってしまう場合があります。
ミッション以外の事で頑張ると、それが「武器」にはなっても、一生出来ることではない場合が多いのです。

ミッションに沿った行動ができている人はストレスなく、自然と（他の人から見て）難しい作業もこなす事ができます。
それに反して、「この人はこの分野に向いてないな」と思う人は、仮に成功しても不幸になってしまうタイプの人が多いのです。

■ミッションの枠から外れると何をやってもダメ

自分がそこそこ好きで、「やれば直ぐに出来ること」「得意なこと」をやっている時、案外すぐ、その環境に慣れ親しんでしまうため、「これがミッションだ」と勘違いしてしまう事が多いのです。

これこそが、**「若い時の落とし穴」**だと思っています。

しかし、ミッション以外のことまで一生懸命、無理して努力してしまうと、知らず知らずの内に、ストレスになってしまうものです。

人間はミッションを遂行する方向性の中ではとてもスムーズに生きていられるのですが、そこから外れてミッション以外のことをすると、ストレスが生じてしまいます。

ストレスどころか……

酷い場合は、命を奪われることもあります。

まさに、これこそが、私自身の体験だったのです。

■ミッションはずれで、ついにアルコール依存症になってしまった私

私自身の深刻な体験について、もう一度、お話ししましょう。

父が司法書士事務所を経営していた関係で、私は関西の大学の法学部を卒業し、父の司法書士事務所に勤務し始めました。

法律業務というのは、やってみると案外すぐに出来ることでした。

しかし、勤務している内に、法律というものに違和感を覚え、さまざまな疑問が湧いてくるようになるのです。

例えば、「嫡出子と非嫡出子の区別は何故あるのか」、

「何故、初犯の殺人犯の刑期が6年から8年で済んでしまうのか」、

「何故、株式会社の資本金が、1000万円必要だったのに、突然、1円でもよくなってしまうのか」等々です。

一度、理不尽さを感じてしまうと、次から次に疑問がわいてきて、とても法律業務を続けてゆくことが出来なくなりました。

そこで私は**「好きなことを仕事にしてみよう！」**と、**転職**を考えます。

第3章

目標設定は面白くて足が震えるレベル

子供の頃から手先が器用だったので、「料理人か職人が向いているのかなぁ？」と漠然と思っていました。

特に、料理は得意だし、好きなことだったので、30歳で料理人の道に入りました。

料理人になれば、何と言っても「シェフになりたい」というのが、誰しもの目標です。

精進して、シェフになることができました。

シェフになれれば、今度は、自分の店がもちたくなります。

そこで、また頑張って、私はオーナーシェフになりました。

広島県の福山市でイタリアン・レストランを開業したのです。

オーナーシェフになったら、次は、「何としてもその店を繁盛させたい」と思うのが当然です。

私の店は、地域でも有名な繁盛店になりました。

10坪13席のディナーだけのお店だったのですが、1日、平均3回転、多い時は4回転もする繁盛店として有名になりました。

お金も儲かりました。

自分の選んだ、やりたいことをやって、目標も次々に達成させました。

それでもなぜか、この時の私は、いつもイライラしていたのです。

「何か違う、何故だ……」と、イライラしてはお酒を呑むようになりました。


自分でも原因が分かりませんでした。

何故なら、料理人という好きな道に入って、目標を次々にクリアして、オーナーシェフになり、店も繁盛している。

普通ならこれで幸せになれるはずなのですが、私は何故かイライラして、お酒ばかり呑むようになってしまいました。


同じ料理ばかり、繰り返し、繰り返し、毎日、作っていることが、退屈で仕方なくなってしまったのです。

そして何故か、お客さんの相手をすることが、だんだん苦痛になっていったのです。

それで、またつい、お酒に逃げてしまう。

そんな日が続いたのです。

そこで次の転機がやってきます。

私は、飲食店コンサルタントとして、コンサルティング会社に入社しました。

自分で選んだ、この業界では目標にしていたような、業界最大手の会社からのヘッドハンティングです。

主に、新規店舗の開業や、メニュー開発に邁進します。


「自分のお店で毎日、ルーティンに縛られているのは嫌だけれど、新しいお店の開業に合わせて、自分のアイディアを十分に実現出来たら、どんなに楽しいだろう」と思って、この仕事に取り組んだのです。

私は次々に新作の料理（メニュー）を発表し、店舗のデザインなどもユニークなアイディアを実現してゆきました。


今度こそは、同じ仕事に縛られないで、次々に新しいフロンティアで仕事ができるのですから、自分の創造性は十分に満足されるはずでした。

しかし、私はここでもやがて、イライラしはじめます。


やはり、サラリーマンとして仕事をしなければいけないので、本当の意味での自由がありません。会社の業務の枠内でしか、自分の創造性を発揮することが出来ません。これはサラリーマンとしては、ごく当たり前のことですが、それに私はまたもやイライラし始め、飲酒癖は益々、深くなってしまったのです。

そこで、アルコール依存は悪化し、とうとう臨死体験をしてしまうまでになり、そこからようやく復帰したという話は、既にこの本の冒頭でした通りです。

この時、私に何が起きていたのでしょうか？

私がそれまでにやってきた仕事。

つまり、法律家、料理人、オーナーシェフ、サラリーマンのコンサルタントなどは、今、考えると、**全て私の本来のミッションから外れたものだったのです。**

ミッションから逸脱するからストレスがかかる。

ストレスが高じれば、鬱や病気になってしまう人もいるかもしれません。

場合によっては、不眠症や、私のように重度のアルコール依存症になってしまうこともあるでしょう。

病気にまではならないかもしれませんが、それでも不幸な人生に耐えてゆかなければなりません。

繰り返しますが、

若い時に陥りやすい間違いは、「自分が出来る事がミッションだ」と思い込みやすいということです。

現在、自分が得意なことが、本来のミッションだとは限らないのです。

私は料理が得意でしたし、人を喜ばせることも好きでした。

しかし、料理人や飲食業コンサルタントそのものは、本来の私のミッションではなかったのですね。

ミッションを知らずに生きることとは、なんて怖いことだろうと思いました。

私は、今の独立したコンサルタントの道を歩んで、ミッションの大道を生きています。

ですから、本当にいきいき毎日、楽しく幸せに仕事をし、生きることができているのです。

ミッションを発見することに、私も大変な回り道をし、苦労したことになります。

私が、独立したコンサルタントとなったのは、2003年のことです。

思えば、41歳の時でした。

有限会社プリムスを設立したのは、43歳の時です。期せずして、男の厄年の前後ということになります。

40歳で、本当のミッションに目覚めたのです。

旧い言い方をすれば、「天命を知った」とも言えるでしょう。

そこまでは苦労も多く、時間もかかりましたが、ミッションを発見するということは、それだけの価値のある人生の難関であったのです。

■目標創りは常に、ミッションを意識しながら確認しよう！

繰り返しになりますが、話を目標設定にもどしましょう。

ミッションの枠から外れると何をやってもダメということを、私の実体験をもとに、お話ししました。

つまり、目標設定も、後で紹介する「アファメーション」も、**ミッションの範囲の中で作る**ということが最も重要なのです。

ミッションは、まっすぐな道で出来ているわけではありません。ねじれてゆくような場合もあったり、途中、お休みしなければいけないような時期もあるでしょう。

安心してください。繰り返し、繰り返し伝えるように、人生に無駄はありません。仮に真のミッションが見つからない間に違った方向に進んで行った体験も、そこで得た知識やスキルも「武器」になりますから、落胆はいりません。

しかし、特に若いうちは、常に、常に「自分のミッションはこれでいいのか？」と確認する必要があります。

一度、作った目標やアファメーションがうまくいかないという時は、「今の自分がこうだと信じているミッション」を、もう一度、見直すチャンスかもしれません。

勿論、ミッションを考えずに目標を創るということは自殺行為です。

ここは一番重要なところですので、繰り返し念を押して、強調したいのです。

■500個くらいの目標を自分の頭の中から1時間で出す方法

さて、これまでも数百個の目標の書き出し、やりたいことのリストアップの話をしてきました。

読者の皆さんの中には、いきなり「目標を何百、あるいは何千も、思いつくままに書き出してみましょう」と言われても、何も浮かばない、どうやってやるのかと疑問をお持ちの方もいらっしゃるでしょう。

そもそも、目標を書くなんて、やったことがなかったという方には、
「数百や数千の書き出しなんて出来るわけがない」
「無理だ、そんなにたくさん思いつかない」
と感じてしまうかもしれませんね。

そこで私がセミナーでお伝えしているコツをお伝えしましょう。

第1章で紹介した「幸せの要素11項目」を、それぞれ項目別に、まずは10個ずつ書きだせば、それだけで110になります。
それを30個ずつ、50個ずつと増やして、挙げてゆけば、330、550個となってゆきます。

又、自分だけで考えるのではなく、人の目標も参考にしてみればいいのです。最初、何から書いていいのか分からないという方には、私が書きだした目標の中から選んで、いい

■目標の手本

1	**生きること**	120歳まで病気することなく生きる
2	**お金**	・一生お金に困らない ・年間収支 ポケットマネー 1200万/年（1月100万円） 売上げ 2500万/年 経費 500万円 リスクヘッジ保険等 120万円 預金 5000万 投資総額 1億円（株、不動産、貴金属、事業投資等）
3	**自由**	・結婚しない ・出資は受けない ・借りは作らない
4	**健康**	・一生病気にかからない ・ZONEダイエットを一生継続する ・体重65キロ未満の維持 ・血液検査すべてクリアする ・体力測定30歳代のキープ ・１月一回の血液検査、年１回の人間ドッグをする
5	**家族**	・１年に2回の家族旅行 ・１ヶ月に一度のお墓参り
6	**友達・仲間**	・いつでも真剣に相談に乗ってくれる仲間と1月1回のミーティング ・10000人の共感するコミュニティを作る。
7	**世の中の為に貢献する**	・幸せのレシピの普及世界30カ国 ・世界30カ国に10000の弟子をもつ
8	**他人（隣人）の為に貢献する**	・他人がもっと簡単にキャッシュフローが出やすいようなキャッシュ・ポイントを５個以上作る
9	**自分の為に貢献する**	・世界に行っていろんな体験をする ・美術館を建てる ・飲食店を持つ（社員に利益の５％還元モデル作る）
10	**自己の能力・技術の最大化**	・日本語、英語、イタリア語、スペイン語、韓国語を覚える
11	**心の成長**	・他人の喜びが自分の喜びと思う ・思いやりの気持ちをもつ ・許しのこころを儲ける ・ゆるしのこころをもつ ・全てに感謝する

など感じたものはどんどん取り入れればいいといっています。

いろんな人の目標から引っ張り出してくれれば、かなりの数になるはずです。

後は、その中から、自分で１つ１つ「本当に価値がありそうだ」と感じるものを選別してゆくわけですから、最初の候補である可能性は幅広く、多い方がよいに決まっているのです。

■目標達成の究極のワザ「スタートとゴールしか決めない」究極の行動計画のこと

よく、目標を立てた後の、達成までの計画は「出来るだけ細かく書いた方がよい」と考えられています。

実は、これが大きな間違いなのです。

それは今、将来の正確な状況なんて分からないからです。
仮に詳細な目標達成の為の計画を作ったところで、途中まで進んでみた目の前の道と、ずっと以前に予想した道とは、全然違うものだからです。

今の方が、当然、昔よりは、はるかに正確な状況が見えるわけです。
というわけで、私は**「最初の一歩か二歩だけの行動計画を立てれば、それでいい」**と考えています。

目標を立てた時点では、その目標に対して、そんなに知識もなかったり、未熟な考えである場合が多いです。
知識があって着実に方法を知っていることしか目標を描けないというのでは、真に自由な目標設定はできなくなってしまいます。

目標設定の段階で、あまりにも細かい行動計画を立てるのは寧ろ、危険な事だと思います。

分かるわけがないのに無理して計画を作ったところで、変わってくることの方が多いでしょう。

仮にそれをまじめに実践しても、外れるケースの方が多いでしょう。目標設定時点での行動計画に捉われてしまう事は、寧ろ、誤った行動・判断の原因に繋がる事にもなりかねません。

事業目標の場合などは、無理に細かな行動計画を立てて、それに囚われてしまうと、「何を何個売る」というような足し算のような目標になってしまいがちです。

そして、その商品自体が、時代に合わなくなって事業が破綻してしまう場合もあります。

それが証拠に、何か目標を達成した時に振り返ってみると、「昔、決めた細かい行動計画の、最初の1、2個くらいしか必要なかった」と、後から分かるケースの方が多かったりします。

それならば、決めない方がいいのです。

行動計画は最初の一歩だけ！

次の道が見えてくる度に、その次のゴールさえ見えれば、それでよし。

向こうにゴールがそびえたっているというイメージさえ見えるのであれば、そこへの一番の最短コースがいいに決まっています。

目標を立て、ゴールに向かって行動をしていれば、時を経るに従い、知識も得て来るし、具体的に必要な事も分かってくるものです。

目標を立てた時点で、無理に細かな計画を設定してしまうより、行動計画は「最初の一歩だけ」を立てながら、その都度、先に先にと、進め続けてゆくことが肝腎なのです。

行動計画を「最初の一歩だけ」にしておくという秘訣こそ、実は、目標達成の究極のワザなのです。

■未来は決まっている！「松竹梅」から選ぶだけ

これまで私は、「価値ある目標」は、将来起こることから選んでいるという話をしてきました。

しかし、一般には「未来なんて分かるはずがない」というのが常識なのだと思います。

もう少し、この価値観、考え方について詳しく説明する必要があるでしょう。

私は、色々な目標を実現させていった中で、

「未来はある程度、決まっていて、何種類かの異なる到達点があるだけだ」

と確信するようになりました。

そしてその**到達点は、「こちらが選べるもの」**だと思っています。

未来に起こることは大体、自分で選べるもので、「何を選ぶか」が大事だと思います。

この程度しか無理だろうという諦めで「一番よくない未来を選ぶ」と、それになる。

勿論、「普通」や「並みの未来」を選ぶこともできる。

逆に、せっかく自分の未来を選ぶのだから、

「最もよい未来」を想像して、きちんと選べば、

第3章

目標設定は面白くて足が震えるレベル

それは**「必ず起きる事」**なのだと思います。

誰にも皆、「松竹梅」の未来が用意されている。

ここのところは若干、ＳＦのように思われるかもしれませんが、**未来を選ぶのは自分自身なのです。**

未来の可能性は、「松竹梅」あるのだから、
自分に本当によいものを選択すればよいだけなのです。

常に、「今日より少しよい未来」「出来る限りよい未来」を選び続けてゆけばいいのです。

第4章

「価値観」は人生を幸せに生きるための強力な「武器」

人生の「ミッション（使命）」を明らかにしたら、それを具体的に「目標（ゴール）」という形で設定します。

そのゴールを達成する為に必要な道具が「価値観」なのです。

目標（ゴール）を達成する為には、日々の正しい行動が必要です。

その正しい行動を決定するのが「価値観」なのです。

価値観をきっちりと定めておけば、正しい行動しかしませんから、おのずから目標を達成することができるのです。

この章では、「価値観」とはどういうものなのか、そして何故、強力な武器になるかについて、説明したいと思います。

別の言い方をすれば、行動が常に、目標を達成するような方向に向かうガイドラインが、私のいう「価値観」なのです。

■行動を決めるもの、「価値観（ベイシック）」とは？

人間の行動の基になる考え方、自然と行動する基礎的な指針、それが「価値観」です。英語で言えば「Basic Value（基本的な価値観）」ということになります。これを短くして「ベイシック」と呼んでいます。

私流の表現法では、「価値観」と書いて「ベイシック」と読みます。

「価値観（ベイシック）」は、常日頃思っていて、とっさの時にその思っていることに従って行動する指針のことです。

「価値観（ベイシック）」は普段は意識していません。普段は潜在意識の中に眠っています。その時がきたら飛び出してきて、自然に行動や言動を呼び起こしてくれます。

また、何かの問題があった時にとっさにその「価値観（ベイシック）」に基づいて考えをめぐらし、言動や行動にいたるのです。

ですから「自動的に反応するルール」と思っていただくと良いと思います。

しかし、この**「自動的に反応するルール＝価値観」**が狂ってしまうと大変なことになります。

例えば、かつてある時に、苦い経験をして、それを自動的に思いだしてしまうと、次に起こった時もその悪い結果になるのではないかと恐れてしまいます。

これがいわゆる「トラウマ」です。

分かりやすい例でいえば、飛行機に乗って、事故寸前の怖い体験をしたとします。飛行機事故で死ぬかと思うような恐怖の体験です。

こういう体験をすると、先ず、飛行機に乗るのが嫌になるというのが普通でしょう。又、無理して飛行機に乗っても、飛行機の中にいる間中、恐怖で心も体も縮み上がってしまう、という事になりかねません。

これがよく言われるトラウマ症状です。

トラウマも「自動的に反応するルール」が狂ってしまった一例です。

自動的に反応する価値観の方向性が間違ってしまうと、大変な問題を引き起こしてしまいます。

苦しい時、嫌な思いをした時にお酒を飲んで楽になる。忘れるという行動をとったとします。これを「ベイシック」としてしまえば、苦しい時には酒を呑みたくなります。そして一時的には楽になりますが、これが繰り返されればアルコール依存症になります。そんな危険なこともあり得るのです（かつての私がそうだったように……）。

では、この「価値観」を良い方に使えばどうなるのでしょうか？

「自分はいつも幸せだ」、「楽しい」と思い込ませればいつも幸せでいられるし、「全ての人を愛そう」と思えば愛せるのです。

ということは、この**「潜在意識の中の価値観（ベイシック）」を常に理想の形に整えておけば、幸せに生きることができるのです。**

困ったことが起きても、とっさに対処できる。

ブレない人と言われることができる。

常に、どんな時も、正しい行動が起こせるようになる。

「正しい行動」とは、常にミッションを意識して、目標を達成するような行動ということです。

この仮説が正しければ凄い事になります。

思ったように生きられることになります。

■価値観（ベイシック）＝自分の行動指針

私の場合は「60箇条のベイシック」を持っています。

つまり、60箇条の自分の行動指針をがあるということです。もう何を言わんとするか、お分かりと思いますが、これを持っていると、とても便利です。

だから何が起こっても、ほぼこの60箇条の中の行動指針の中のどれかを必要に応じてあてはめれば、どんな時もどう行動すればよいかの答えが直ぐに出ます。

常に的確な答えをアウトプットできます。

ブレない人と言われるようになります。

目的がとても価値あるものになります。

そして、幸せに儲けることができます。

例えば、私の60箇条の行動指針（ベイシック）の中に、「報酬の受け取り時期」というものがあります。

1、仕事を終えた報酬の受け取りは、早ければ早いほどよい

2、納期前の報酬は半分、受け取り、納品後、残り半分を受け取る

私はこのように予め、行動指針を決めていますので、クライアントと交渉する時は極めて簡単です。

このルールに乗っ取って、実際に行動します。

当然、納期前の報酬を50％受け取り、納品を済ませた場合は、その報酬はなるべく早くもらうことにしています。仕事を終えた報酬は、早ければ早いほどいいのです。

これが原則として徹底していますから、クライアンとの側でも、松本和彦への支払いはこういうルールであるという事が支払う側でも常識になり、ルールになってきます。こうしてしまえば、支払いの問題でトラブルに陥ることは避けられます。

この「価値観（ベイシック）」は私のクライアント様やセミナーにいらっしゃった方には、具体的な作り方を個別にお教えしています。カンタンです。

私の書いた60箇条の価値観（ベイシック）を下敷きにして、自身の考え方を上書きするだけです。

こうして、あなたが思う理想のあなたの将来図が完成されるのです。

少し詳しく見てゆきましょう。

■「自分憲法」で潜在意識を教育する

「価値観」＝「行動指針」＝「自分憲法」


普通の人は「普段の自分の行動をこうしよう」という事を明文化していないと思いますが、私はあらかじめ設定し、それを**常にメンテナンスする**ようにしています。

私にとって「価値観＝行動指針」というのは、自分自身を構成している潜在意識を育てる教育指針なのです。

私の場合は、自分本体の顕在意識であるペルソナの下に、潜在意識に4人のキャラクターがいると言いました（プロローグ参照）。

本体ペルソナである「オマツ」の他に、「カズミ」「オオトミコ」「コトミコ」「カズ」の4人のキャラクターが存在しているのです。

私がいう予め設定し明文化しておく「価値観＝行動指針」というものは、彼ら、潜在意識の中のキャラクターを、それぞれ顕在意識で育てる教育方針のことです。

これを私は「自分憲法」とも言い換えています。

自分の「価値観＝行動指針」を、考えた事もない人に、いきなり「信念をもて」といっても、普通はできません。無理です。

「価値観＝行動指針」を「自分憲法」として明文化しておけば、常に常に、潜在意識を教育することが出来るのです。

潜在意識に自分憲法を侵透させてゆくのです。

潜在意識のキャラクターの特性を良く知って、それを教育し、その行動パターンを決めておくのです。

こうしておけば、常にブレずにいられます。

あらゆる咄嗟の事態にも対応できるでしょう。

例えば、急に誰かに「お金を貸して」と相談されても、慌てずに決断することができます。「どういうときにはお金を貸して、どういう場合にはお金を貸さないか」という判断指針を予め決めておけば、迷わずにすむものです。

常に、様々なシチュエーションを想定して、自分の行動指針を決めておかないと、人はブレてしまうものです。その場になってから考えると、その時々の感情に判断が左右されてしまうからです。

国の憲法は、国民が自分自身に課す、政治の基本ルールです。

あらかじめ自分で用意しておく「行動指針」というものは、自分自身を取り締まる法律のようなものです。そこで私は「自分憲法」と呼んでいるのです。

そして私の場合は、作成した「自分憲法（価値観）」を、常にEvernote（エバーノート）に入れて、繰り返し見続け、潜在意識の中に埋め込んでいます。何度も何度も見返しては、潜在意識に刷り込んでゆくのです。

エバーノートは、スマホやPC、タブレットなどクラウド上で同期して常に使えるオンライン・メモツールの事です。

私は外にいる時間が長いので、こうしたものを利用していますが、「自分憲法」を記録する媒体は、一番よく見て持ち歩けるような手帳や財布、メモ帳など、繰り返し見られるものであれば、何でも構いません。

■自分憲法も、時には憲法改正が必要

自分憲法は、「創り」「守る」と同時に、時々、「メンテナンス」をする必要があります。

何か価値ある状況に出会った時に「改正」する。国の憲法改正のようなものです。

前向きの修正は、大いにありです。

憲法の条文を現実に合わせて修正してゆく必要があるのです。

「メンテナンス＝修正」をしておけば、自分の態度が変わっても「ごめん、こういう理由で変わったから！」と、周りの人に説明することができます。

私は「自分憲法（価値観）」を決めた事によって、「こういう時どうしたらよいだろう？」というイライラがなくなりました。

あらゆるシチュエーションにおける「価値観＝行動指針」を、予め用意しておくことで、どうしたらよいか簡単に答えが導き出せるようになったからです。

自分憲法は、時間のある時にジックリ考えておくものです。

そして、とっさの時に自然体で無意識のうちに答えが出るようにするのです。

こうしておくと、とても楽です。

潜在意識まで教育しておけば、とっさの時にも即座に決断ができるし、目標にそぐわないような感情や行動を排除できます。

私は約60箇条の自分憲法をもっていますが、「急にそんなにたくさん作れない」と思った読者のみなさん、大丈夫です。

これから、私は特に役に立ったと感じている「自分憲法」の条文を具体的に紹介しようと思います。

あなたはそれをヒントに、自分自身の「自分憲法」を創ってみてください。

先ず、一番、私がよく使っている自分憲法の条文をご披露しましょう。

■「負けて泣き寝入りせず」

この自分憲法は、潜在意識のカズミから、伝授された価値観です。

潜在意識のカズミは、「厳格な父」です。

私の父は司法書士で、法律家です。とにかくまがった事が大嫌いで、何事にも筋を通す、尊敬すべき父親です。どんな事があっても冷静で、動揺しません。沈着冷静を絵に描いたような人物です。そして人を、貧富や外見などで差別することなく、公正に人に接する人物です。

この価値観が私の中の潜在意識の一部を構成しているのは前に述べた通りです。

この父のイメージから、私が得た教訓は、「負けて泣き寝入りせず」です。

これは先ず、人の意見を否定しないという事です。

例え、他人が自分の事を誤解していたとしても、そして私の悪口を言っていたとしても、決して弁解はしない。とりあえず、そのままその状況を甘んじて受け入れる。

そして大事なのは、決してその人間を恨んだり、仕返したりしないということです。悪く言われても「この人はそう思っているんだ」と思うだけで、「だからこの人は悪い人だ」と断定する必要は全くないのです。

「自分を悪く言ったから、相手は悪い人だ」という理屈はそもそも、変だと思います。

相手が本当に善なのか、悪なのかは分かりません。自分が悪く言われたから、自動的に相手が悪者だという判断はしないほうがいいのです。

取り敢えず、相手の判断は甘んじて受け入れる。しかし「負けて泣き寝入りせず」で、自分の正しい価値観に従って、行動を続けていれば、世間一般の自分に対する誤解は、やがて溶けてきます。

自分の行動を認めてくれる人たちが増えてきます。

そうすれば、私を否定した人物の、私に対する評価も自ずと変わってきます。

ネガティブな批判をされたからといって、それに噛みついたり、直接反論するというのは、賢い対応ではありません。

他人の正しい判断を勝ち得た時が、本当の勝利です。だから、一時の負けは「負け」として受け入れても、泣き寝入りせずに、正しい行動を続けていけば、やがて貴方は他人のよい評判を勝ち取ることが出来ます。

たいていの紛争は、この考えを行動に移すだけで、解消してゆきます。他人を恨んだり、仕返ししたりしないというと、とても難しく感じるかもしれませんが、実行に移してみると、意外に簡単です。

第4章

「価値観」は人生を幸せに生きるための強力な「武器」

父を見て、感じ取った価値観です。

■「武士は食わねど高楊枝」、「武士は負けても高楊枝」

「負けても泣き寝入りさえしなければいい」という自分憲法は、現実の人生では、とても応用範囲が広いものです。

勝ち負けに関しては、たとえ負けても、相手の事を悪く思わなければよい。うらまなければよい。素直に喜んでもよい。

「負けて泣き寝入りせず」について、もっと具体的に解説しましょう。

誤解された時も「すいません」と誤ってすむものなら謝ってしまう。そのように日頃から潜在意識を教育しておくと、「このやろう」なんて思う事はなくなりました。

仮に、誤解が濡れ衣であってもいいのです。「それで損した事がない」というのが私の結論です。

「何故、損しないんだろう?」とよく考えた結果、普段の行動さえ正しておけば、1回や2回のミスなら人間は許せるものです。その中の1つとして捉えられたら「それくらいなら」と許されることがあるものです。

主観からすれば1回も負けたりミスした事がなかったりしても、そういう時に限って、色んな言い訳をして自分を繕えば繕う程、人から見れば醜かったりするものです。「すいません」と素直に言われた方が、相手も許してやろうという気にもなりやすく、気持ちいいし、人間関係もうまくいきやすい。

その時は自分は後手に回るかもしれないけれど、その時に一番の行動を、ちゃんと相手に喜ばれる事をずっと一貫してやり続ける。これが大事です。そうしていると相手には「勝った、勝った」という意識はなくなってくるようです。

つい本能で言い負かそうとしたり、説得しようとアプローチすれば、より相手と対立して、よくない部分を引き出してしまう。もめてしまうようなくらいなら、先に損切りして、自分が負けてあげた方がいい。

「相手の気持ちが心地よかったら、自分の感情処理は自分でしちゃえ」

「一歩譲ってすませられる事だったらすませちゃえ」

「その方が気持ちいい」という風に自分（の潜在意識）を教育してしまう。

これは少し、技術がいることかもしれません。**意図的に技法だと思って、最も困難なタイプの潜在意識に教育するくらいで始めました。今では最も効く、魔法の価値観の1つです。**


「泣き寝入りせず」というと、私が考えている意味と逆の「反撃するぞ」というような意味に誤解する人もいるかもしれませんが、そうではありません。

スポーツの試合でも、相手が勝って悔しい時ほど祝福のグッドサインを出すようにしていると、「負けて悔しい」でも「負けた時に自分の中に怨念を残さない」でいられる。

いつまでも悔しい意識に囚われていると、本当に必要なポジティブに前進する為のアイディアが出てこなくなってしまうのです。

常に、よりよい状態を目指して、いい状態でいたい時に、いつまでも「この野郎」と思っていると、いいイメージを邪魔してしまう。

一番単純な事で実践できるコツは、すぐに忘れちゃうこと。

それでも都合のよくない（言い負かされた）時は、**相手の事を思い出して「ありがとう」を10回言いましょう。**そうやって潜在意識を納得させるのです。

それだけで、不愉快な気持ちは和ぎ、その内、忘れてしまうのもよくあることです。

これが、慣れるとコロッと忘れられるようになるのです。

「負けて泣き寝入らず」が完全にマスター出来ると、負けた時に凄く強くなり、楽にもなれます。

■「いつ怒るか」を決める

「いつ、どのような時に怒るのか」という判断基準を明らかにしておくということは、人との信頼関係において、大切なことです。

私は前もって、「こういう状況になったら怒る」と条件を決めています。

こうした答えは元々あるもので、その答えを導き出すための「ものさし」が判断基準です。

「ものさし（判断基準）」を当てると、直ぐに「オーバーしているのか？」「まがっているのか？」「足りないのか？」が直ぐ分るような指針、これが「価値観」です。

その場その場で、その都度、考えていたら、感情に左右され、ミスも多いし、時間がかかって仕方ありません。

追い込まれた状況になってから考えると、普通ならありえないような衝動的な選択をしてしまう場合もあります。

普段の、よりリラックスできる状態の内に、考えて定めておく。

経営者には特に大事な価値観です。一つの指針をもって対応しないと信頼を失います。

教育者もそうです。

気分や感情で判断基準が変わると、信頼を失います。

子供や生徒を叱る時の私の判断基準は、3つだけです。

「1．他人に迷惑をかけた時」
「2．親・先輩を敬わない時」
「3．人間としての尊厳を守らない時」

例えば、呼ばれて返事をしないのは、人の尊厳を無視したという事ですから、そういう時は叱ります。相手も、この3つだけは叱られるけれど、それ以外は叱られないことを知っていて、自分もちゃんと守るので、よく理解してくれるようになります。

その場の状況に応じて判断していると、「何故こんな時に怒ってしまったのだろう」と、後から後悔することもありますが、前もって自分の行動を決めておくと、そうした後悔もなくなります。

平時の内に「自分はどういう時に怒るのか」という事を突き詰めて考えると、そんなにはないという結論にも行きあたりました。

そうしないと、体調が悪いからとか、気分で反応して怒ってしまう事もあるからです。最初から「こういう時にだけ怒ろう」と決めておくと、不思議なもので、次第に怒ろうという気さえなくなってきたりします。

「怒る」という選択肢が減ってきて、不思議と穏やかにもなってくる。

結果的に怒りにくくなる。
怒ることはなく、本当に必要な時にだけ、相手を叱る事が出来るようになります。

これも予め、価値観をもっておく大切さの実例です。

■他人の思いは変えられない、変えられるのは自分の行動のみ

「相手がそう思うんだったら、そうなんだろう」
「相手の意見を、こっちが変える権利はないだろうし」

同じものを見て、相手に「こう思いなさい」と教えるのはナンセンスだろうと考えています。それは、そもそも人としてやっちゃいけないアプローチだと思っています。
相手が間違っているのなら、そう思わせたのはこちらですし、基本的に相手が醸成する感情というものは、こちらでは変えられません。

しかし、他人の思いを変えようとするアプローチは、親しければ親しいほど、家族など、身近な人であればあるほど、ついやってしまうものです。部下に対してもそうですね。

根幹がずれていて意見が違うなら、先ず、ズレを調整すべきです。

同じものを見て、相手が違う意見を持つならば、尊重してあげるべきなのです。

これを乗り越えた上で、どうしても、トップとして決断すべき時には、話は別です。「決断に従ってくれないか」という説得はしなければなりません。

しかし基本的に、相手の考え方を変えようとしてはいけません。これは大原則です。

常に、変えられるのは、自分の行動のみです。

自分の言動を変えれば、不思議と相手の思いが変わってきます。

ネガティブな相手を否定しようという態度は、同じ反発を引き起こします。

ポジティブな相手を肯定しようという態度は、相手から同じポジティブな反応を引き起こします。それでもダメなら諦めるしか、ありません。

どうしても嫌だと判断したことは、無理に我慢する必要ないのです。

■「逃げるが勝ち」トラブルを避ける、トラブルから逃げる、いなす

普通は「困難には打ち克ちましょう」と言いますが、**困難には立ち向かってはいけません。**
私の場合は、**そもそも困難な状況に遭遇しないように「避ける」「逃げる」「いなす」のが基本**です。

「災難には戦っても勝てない」と捉えるのが私の中の常識です。
特に災害だったら、勝てないですよね。災難だったら、先ずは遭わないようにする。
「災いのにおい」を感じ取るのは凄く大事な事です。

人間関係は特にそうです。

そこにどうしても苦手な人間がいたら避けようがないので、「どうしたら出来る限り付き合わなくてすむだろうか」と、工夫してみます。

仮に仕事などで、どうしても付き合わざるをえなくなってしまった場合でも、少しでも距離がとれるように逃げます。

その根拠となる考えは、先程の「相手の考えを変えようとしない、変えられるのは自分だけだから」という価値観です。

「自分を変える」時に、媚をうったり、無理をしてしまう迎合ではなく、その相手への接し方や考え方、見方、距離を工夫して、変えてみるのです。

それでも尚、関わりたくない人とどうしても一緒になってしまった場合にも、**「いなす」**という考え方があります。

「いなす」という価値感を使って、「この場だけね」と付き合いながらも、極力スルーするように、関係を最小化させてみるのです。

人間関係は戦っても、どうにもならないものです。

しかし、自分がそう決めていても、相手が好戦的に絡んで来たり、どうしても白黒や勝ち負けをハッキリさせざるを得ない場合もあるでしょう。

社会の中での競争でも、勝てば勝つほど「Ｗｉｎ－Ｗｉｎ」の形にしないと敵を作りがちです。

また世間的常識や一般論では「トラブルには立ち向かえ」といいますが、そもそも勝てるわけがない場合もあります。

その場合は、**勝ち負けどちらでもない「グレーゾーンもあり」と考える**のも１つの方法です。

これも「相手を変えようとしない」考えが根底にあります。

敢えて意識的に「ここはグレーゾーンの話をしているんだ」と認識したり、「如何にグレーな状態を楽しむか」とポジティブに捉えてみる。

「グレー（結論のない状態）に持ち込む」という方法論です。

それでＯＫという価値観をもっておけば、いいのです。

「グレー＝引き分け」は負けではないのです。

実際に、災難や困難に遭ってしまったら、無理に立ち向かおうとせず、逃げる方がよい。

「三十六計、逃げるにしかず」といいます。

私は出来るだけ、嫌な事からは「逃げる」ようにしています。

ミッションに書いていない事からは、いつ逃げ出してもよいのです。


意外に人は、本能や正義感がそうさせるのか、自ら進んで、不幸に立ち入りたがるようです。

元来、人は、闘争や冒険も好きなものです。

寧ろ、自分か他人の事に関係なく、自ら進んで困難に飛びつきたがる人も多いようです。

泳げもしないのに、プールに飛び込んで、後から泳げない事に気付いたという事件もあります。

私は「不幸には出来る限り、立ち入らない」そう決めています。
それだけに**「逃げるが勝ち」「避ける、逃げる、いなす」という指針をあらかじめ用意している事が大事なのです。**

第4章
「価値観」は人生を幸せに生きるための強力な「武器」

■「努力」はしない!?

私の「努力」の定義は「敢えて、嫌なことをする」です。

「嫌な事はしない」という考えからすると、「努力はしない」ということになります。

例えば、自分が好きな遊びに対して一生懸命にやっていても、「努力したね」とあまり言われませんよね。

好きな事だから全力投球できるのですが、好きなことに対しては、努力とは言いません。

「好きではない事を敢えて一生懸命する」のが松本流の努力の定義です。

先程の困難やトラブルに「打ち克つ」という事をしないのと一緒で、嫌な事を敢えてして、打ち克つことをしない。従って、努力なんかしたことがないのです。

それは、人から見て「努力しましたね」と言われるようなことであっても、**私にとっては「面白いからやってみた」というだけのこと**です。

かっこよすぎる言い方かもしれませんが、最初から嫌な事は一切しないで、好きな事に集中しているから「努力」じゃないんです。

仮に、得意だからといって、自分で決めた目標であって、がむしゃらに達成しようとして頑張っても、「その目標が一体、本当の自分のミッションにかなっているものなのか？」という疑問があると、違和感や無理が生じてしまいます。

繰り返しますが、**私のいう「目標」は、「ミッション」の中の具体的なやるべきことです。「如何に努力せずに、したいことをできるようになるか」というのが大事です。**

「意志」というものが如何に脆いかということを、私はアルコール依存症を通して学びました。

仮に、アルコール依存症時に努力だけで立ち向かったりしようとしていたら、大変過ぎて、とても克服なんか出来なかったと思っています。

人は意外に戦う事が好きなものです。ゲームやスポーツなんかもそうです。

私は「自分が意志が弱い」と自覚していたから、意志を強くする方法を求めたり、鍛えようなどとは思いませんでした。それよりは「意志が弱い自分の心も、自動的に潜在意識が変わってしまうようにしたい」と考えるようになりました。

我慢や嫌な事をするのではなく、潜在意識を変え、自分自身によい癖をつけて「如何に努力せずにしたいことをできるようになるか」というのが、松本流の人生を幸せに生きるコツなのです。

■「儲ける」というのは、幸せになる為の要素を手に入れること

一般に「儲ける」というと、「おカネを儲けること」だけと考えている人が多いと思います。

私の場合は、「幸せの為の11項目」の中でいくつか、短期目標であっても、中期目標であっても、それ**(目標)が達成された時に「儲けた」**と言うように定義づけています。

例えば、それが健康分野であれば、「今日は痛いところが治った、儲けたなぁ」と。
知識の分野であれば「今日は1つ賢くなった、儲けたなぁ」、
家族と楽しく過ごせたら「楽しかった、儲けたなぁ」と、
1つ人にいいことできたら「良かった、儲けたなぁ」と言っています。

「儲けた」というのは、「幸せの為の目標が達成できた時」と定義づけています。

お金が入った時というのは、その中の1つでしかありません。

「人を儲けさせる」というのは、結局は、幸せを手助けするということです。幸せの要素を満たすお助けをして、対価（お金だったり、ありがとうだったり）を得るということです。これこそが、究極の「儲け」だと思っています。

「幸せに儲ける」というのは、こういうことだと思っています。

■潜在意識とは何か？その復習

潜在意識という言葉は聞いたことがあっても、それを活用しようとする人は少ないかもしれません。

潜在意識というのは、深くまである氷山の根元部分のようなものです。

その中にはありとあらゆる過去の記憶が何から何まで詰まっていて、今、必要な事だけが顕在意識に出てくるのです。

顕在意識は、潜在意識の中に入っているものの中から、ほんの一部だけを抽出し、表に出しているのです。

私は何事につけても、潜在意識の中にきちんとアプローチすることが大事だと考え

■一般的な潜在意識のイメージ

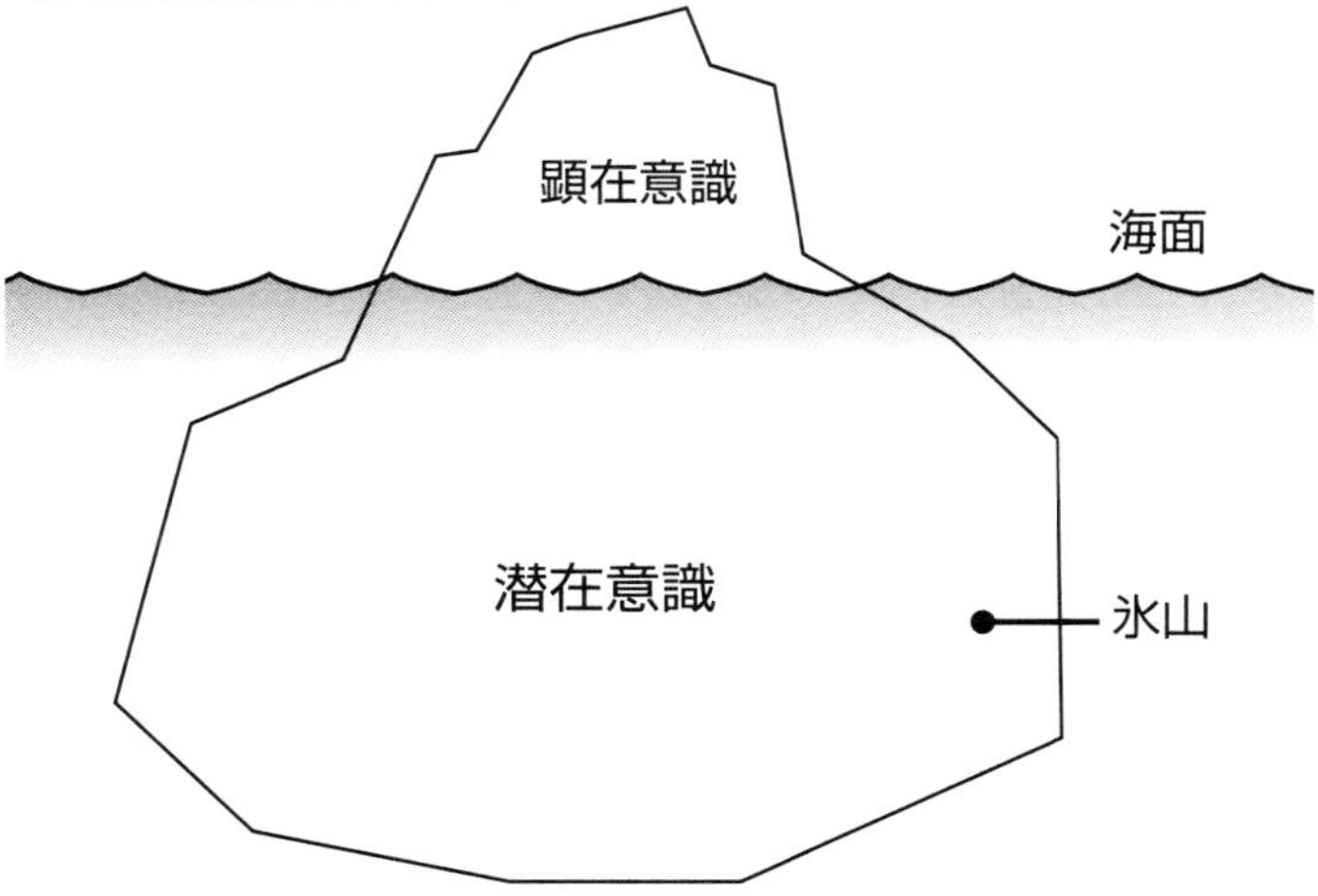

ています。

私、松本の場合、総勢5人のキャラクターが存在しています。これは既にお話ししたとおりです。そしてこの潜在意識の4人のキャラクターをまとめている「顕在意識の自分本体」を私は「オマツ」と名付けています。

顕在意識の自分本体を、一般的にペルソナといいます。

潜在意識の中のキャラクターについて、もう一度、紹介しておきましょう。

カズミ：誠実で実直な父性。堅実で、理智的な存在。行動を理論づけ、体系化する知性の役割。

オオトミコ（包容力のある大きなトミコという意味）：無限に包容力のある慈悲深い母性。全てを承認し、周辺の全てに寛容である存在。

コトミコ（小さなトミコという意味）：潜在意識の中のブレーキ役。悪事やリスクをいち早く察知し、これを止める役割。

第4章

「価値観」は人生を幸せに生きるための強力な「武器」

カズ：ヤンチャな道化者。悪戯好きで、冒険心がある半面、暴走し、悪い事にも手を出す。周辺の環境への順応性は高いが、潜在意識の中の問題児。自由なクリエーターでもある。

この4人のキャラクターを統合しているペルソナが、「オマツ」ということになります。

■アファメーションで、潜在意識のキャラクターに語りかける

潜在意識の中の性格を、それぞれ明確に分けて、それぞれのキャラクターを育ててゆくことが大事だと思っています。

それぞれのキャラクターに対して、具体的に「こう考えなさい」と躾をしてゆくのが「アファメーション」だと私は考えています。

アファメーションは、日本語で正確に訳すと「深層心理自己説得術」といいます。簡単に、「自己暗示」といっても差支えありません。さらにわかりやすく言うと、「潜在意識の教育」のことです。

皆さんも、自分の潜在意識を分析してみてください。必ず、いくつかの異なるキャラクターが識別できるはずです。

それぞれのキャラクターに、名前をつけ、育ててゆきます。そしてこの潜在意識キャラクターに、アファメーションによって、話しかけ、躾をしてゆくのです。

このアファメーションという教育によって、潜在意識の中から、必要に応じ、出て来てほしい最適なキャラクターが、常に出てくるようになります。これが**自分で自分をコントロールできる**ということです。

とっさの時に、思いもよらない自分が出て失敗してしまったという経験はないでしょうか？

これは、潜在意識のキャラクターを放ったらかしにしておいた為に、そのキャラクターのマイナス面が出てしまったからです。潜在意識のキャラクターをうまくコントロール出来なかったために起こった失敗です。

日頃から、自分の中の潜在意識のキャラクターをしっかり識別し、名前を付けて育てる。

この方法で各キャラクターを教育する事により、このキャラクターのよいところだけを引き出せるようにする。

こうする事によって、自分の潜在意識全体を、巧くコントロールできるようになります。

ですから、潜在意識の中の異なるキャラクターが、お互いに喧嘩をしているようでは困るのです。社会人として、やっていけなくなってしまいます。

潜在意識を活用しないというのは、その場の環境に任せておいて、その場の状況の中からしか選べない損な生き方をしているのと同じです。

人それぞれ、怒りっぽい自分や、傷つきやすい自分など、色んな側面を持っていると思いますが、それを氷山の中のどこに位置させておくか、それは自分でコントロールできるのです。

これで、自分自身の行動を根本から変えることができるようになります。

■アファメーションこそ、自己変革の最大の手段！

アファメーションとは、潜在意識に行動規範を植え付ける道具です。最初は嘘でもいいので、言い続けると、潜在意識がそれを信じて、メッセージに応じた行動をとるようになります。

私は、「アファメーション」は、自分を変える最大の手段と考えています。私はアルコール依存症の克服も、「私は酒が嫌いだ」「酒が嫌いだ」と潜在意識に信じ込ませて成功しました。

アファメーションの時は、「〜しない」というような否定的な（do not型）形をとるよりも、「〜する」という肯定的な形をとる方がよいと思います。アルコール依存症の克服の場合で言えば、「酒を呑まない」ではなく、「酒を嫌いだ」という方がより強いアファメーションになります。

これを2週間くらい徹底して繰り返す事によって、「酒はいらないかも……」と感じられるようになりました。

「いらない〝かも〟」から思い出して、だんだん「酒はいらないんだ」になり、最後は「酒はダメだ」「飲んだら気分が悪い」に自然に変わっていったのです。

■よく効くアファメーションづくりのキーワード

効果的なアファメーション作りには、3つのキーワードがあります。これはとっておきの秘密ですが、敢えてここで公開しましょう。

1．私は「◎◎の天才だ！」
2．私は「◎◎の鬼だ！」
3．「◎◎は既に出来ている！」

特に、お薦めなのが「私は◎◎の天才だ」というアファメーションです。

「天才」という言葉は一番、効きますね。「天才」という言葉は、「天から授かった才能」なので、嫌な努力なくして勝手に結果がついてくるというイメージがあります。自然にできるようになって楽勝そうだから、私はよくこの言葉を使っています。

例えば「私は金儲けの天才だ」というアファメーションでしたら、何となく普通にやっていても金儲けのやり方が分かってくるようなイメージになります。

自分のなりたいイメージを創ってゆく時に、「私は◎◎の天才だ」という風に言い聞かせるのが一番いいのです。

「私は商品づくりの天才だ」
「私はマーケティングの天才だ」
「私はモチベーションづくりの天才だ」
「私は集中力の天才だ」
「私は理論づくりの天才だ」
「人の喜びは自分の喜びだ」

と、色んな種類のアファメーションを一杯つくってゆけばよいのです。

こうした不思議な力を備えている言葉を繰り返して唱えると、潜在意識と顕在意識を共に教育することが出来ます。

よいアファメーション作りが出来ると、思うように氷山の奥の潜在意識にアプローチできて、理想の自分を作ることができるようになります。

■毎朝、毎晩、歯磨きでアファメーション

私は、とっさの時にあらかじめ決めた「価値観（自分憲法）」が直ぐ出るように、日頃から常にアファメーションを習慣にしています。とっさの時に出た方がよい価値観、反射神経的なものをなるべくアファメーションで潜在意識に浸透させておくのです。

私の場合は毎朝、朝晩、歯磨きをする時に、アファメーションの作業を行なっています。そして、磨く歯によって行なうアファメーションを決めています。このように習慣づける事によって、潜在意識にアファメーションのメッセージが蓄積されますので、とっさの時に出やすくなります。

第4章

「価値観」は人生を幸せに生きるための強力な「武器」

■アファメーションで健康な体は作れる：潜在意識は細胞も変えることが出来る

通常、健康というと食事や運動でつくるという風に考えますが、私は健康のもとはココロだと思っています。

私は、潜在意識をうまくコントロールすることで、健康が得られるという体験をいくつもしました。

私は32歳から41歳までアルコール依存症で、不健康そのものでした。それを治したのは、アファメーションで潜在意識を教育したからです。

3か月間入院して、お酒を断った上で、朝15分、夕方に30分の瞑想の時間にアファメーションで、潜在意識に向かって「私は酒が嫌いだ」とずっと言い続けました。

そうする事によって、だんだんと「お酒はいらないかも？」というところから、とうとうお酒はみても欲しくなくなる、最後は一滴もいらなくなる、嫌いになる、という所まできました。

アファメーションで、身体の細胞まで変化したのです。

私は元々お酒には強く、アルコール分解酵素を大量にもっていたようです。

しかしその後、ある健康診断でアルコールのパッチテストをしたのですが、陽性反応が出て真っ赤になりました。

「あなたはもともとアルコールを分解する酵素をもたない人です」という診断結果をもらい、驚きました。そして、「お酒に誘われてしまったら、これを見せれば良い」というカードまで頂きました。

それくらい、身体の細胞自体が変わってしまったのです。今や、ウイスキーボンボンやお菓子に入っているアルコールだけでも、頭が痛くなるほどです。

身体がアルコールを受け付けなくなりました。アファメーションの成果です。

こうした体験から、潜在意識を変えれば体の細胞まで変わるんだということを体験しました。

そこで、今度はできるだけ太らないようにするのにアファメーションを活用してみようと考えました。

私は職業柄、食べる機会が多いので、肥満に気をつけなければなりません。そこで現在、「脂肪分と糖分はなるべく抜けて出るように」というアファメーションを実践しています。

そうするとタンパク質しか残らないものですから、今のように筋肉だけついて、脂肪は殆どつかない体質になりました。十分に健康です。

アファメーションを実践することで、食べる時に「どうせ脂肪分と糖分は勝手に抜けるよね」と思いながら食べています。そうすると、身体が自動的にそう思い込んでくれるので、大変快調です。

このアファメーションを実践してからは、体脂肪率が約10％になり、筋量測定でも20代前半と判定されました。

そこまで出来るのです。

また、今、生きている事を「幸せだなぁ」と思っていると、病気をしにくくなります。

アルコール依存症から回復してから毎月、健康診断で血液検査もしていますが、良好な健康状態をキープしています。

身体より心が先なのです。「病は気から」というのは本当です。

それは**「健康は気から」**ということでもあります。

■勉強をすることの意味：幅を広げる為に必要

勉強はとても大切です。
何故なら、自分のミッションに従って、具体的な目標を設定するときに役に立つからです。

ミッションの可能性というのは幅が広いのです。
「様々な可能性の中でどれを選ぶのか？」と自分に合ったミッションを模索してゆくことになります。

しかし、物事はサンプリングしてみなければ分かりません。
だから色んな事を試してみなければいけません。その幅が大事になってきます。

その幅を広げてくれるのが「勉強」です。

「知識」を得て、「体験」（一度は試す）し、「経験」によって何かを身に着けるのです。

それが勉強です。

■「体験、経験、知識を得ることの重要性」＝「勉強の重要性」

勉強をしないと、試すことの幅が狭くなってしまいます。

また、試す事自体が勉強になります。たくさん試してみる程いいのです。

色んな科目を勉強してみたほうがよいのです。これも何が合っているのか、どのような分野があるのかということを知る為です。

一応、一通り、どのような科目があるのか、知っていると、自分が何が得意で不得意か、どの分野に適しているかということも、分かります。

逆に、一度はやってみないと分かりません。

大人になってから、苦手だと思い込んでいた事が、実際にやってみると「意外に得意で向いていた」という事も少なからずあります。

「知識を得る事、体験、経験」この全てを含めて、私は「勉強」といっています。

■ミッションにない方向で勉強した場合

この場合でも、勉強は後の人生に、とても役に立ちます。これも面白い事です。

自分のミッション以外の分野で何かを勉強した場合は、「自分の専門以外の能力＝武器」を身に着けることができます。何もそれを一生の仕事にするというのではありません。

ミッションを遂行する上で重要な武器（＋αの能力）を身に着ける事が出来るのです。

専門分野以外は一切、勉強しないというのでは、幅が狭くなってしまいます。

私も40歳までは、現在とは違う、ミッション以外の仕事をしていました。

それ故に、アルコール依存症にもなり、苦労したわけですが、この時に身に着けた「勉強」は全く無駄になっていません。

それどころか、現在ではこの「勉強」は全てミッションを遂行する上での「武器（能力）」として物凄く役に立っています。

例えば、父の司法書士事務所の手伝いをしていましたが、この時に得た法律知識は今の私にとっては非常に役に立つ武器になっています。

シェフ、オーナーシェフとして磨いた料理の技術は、私の飲食店コンサルティングの中心的なノウハウを生み出す時の役に立ってくれています。

サラリーマンとしてコンサルタントになった時の経験も、非常に貴重な勉強でした。組織がどのように動いているのか、サラリーマンというのがどのような行動パターンをとるのかを、体験・経験することが出来たのです。

これらは全て、現在、私のミッションを追求し、目標を達成する際の「重要な実務能力＝武器」になってくれているのです。

人生に全く無駄な体験はなかったと、振り返ってつくづく思っています。

ですから読者の皆さんも、自分のミッション以外の体験をしている、あるいはミッション以外の企業で働いているという時も、全くがっかりする必要はありません。

「これは自分のミッション以外の仕事だけれど……、それによって知識・体験・経験が得られるのだ」と視野を拡げればよいのです。

これは専門以外の能力を身に着けるチャンスなんだ」と捉えましょう。

ミッションを追行する時に能力、武器は、沢山あるほどよいわけですから。

自分のミッションから外れた企業で働いている時も、

「この企業の中でいろんな勉強をさせてもらっている。貴重な経験をさせてもらっている」

という風に考えてください。

企業に入っている間に経験して得た能力を武器として、後の人生で生かせばいいのです。

これが分かっていれば、どんな企業で働いていても、「幸せ」を実感できることになります。

勿論、所属している企業自体が自分のミッションと合致していれば、これはラッキーな事です。

ミッションを考えたからといって、そのミッションどおりの企業に入らなければならないというわけでは、全くないのです。

最後にまとめておきましょう。
「知識・体験・経験」を得るのが勉強です。

一度は試してみる「体験」
それによって何かを身に着ける「経験」
ミッションじゃないと仕事は、それを自覚しながらやることが重要です。
それは「武器」を手に入れるチャンスです。
それによって「体験、経験」が得られます。
そしてそれによって、専門以外の能力＝武器が獲得できます。
たくさん武器をもっていると、ミッションを遂行をする時に助かります。
このように考えれば、いかなる企業に入っていても幸せに生きることが可能です。

第5章

ブランディングとメッセージ‥

自分をどう世の中に認識させるか

この本は、ひとことで言えば、あなたに「幸せになる方法」を具体的にお教えする本です。私は、幸せな人生のコンサルタントであり、「幸せを売る男」になりたいと思っています。「幸せを売る男」といえば、大変ヒットしたシャンソンがありましたね。元々は、フランスの歌ですが、翻訳されて日本でも大ヒットしました。越路吹雪さん、芦野宏さんなどの有名なシャンソン歌手が歌っていますが、私の記憶に残っているのは高島忠夫さんが歌っている「幸せを売る男」です。軽快なメロディーで、聞いただけで心が明るくなるような素晴らしいシャンソンです。

その高島忠夫さんが、アルコール依存症に苦しみ、長い間、鬱病に苦しんでいたという事を、ようやく最近知りました。今は病気を克服されたと聞いていますが、何とも皮肉な人生のめぐり合わせです。

しかし実は、それ以上の悲劇が、私の身の回りで起きてしまったのです。

27年間、連れ添った私の妻は、今はもうこの世にはいません。

２０１１年の東日本大震災がきっかけで、ＰＴＳＤ（Post Traumatic Stress Disorder：心的外傷後ストレス障害）が発生し、症状が進化して、肉体的にもすっかり衰弱し、他界してしまったのです。

ＰＴＳＤとは、強烈なショック体験や恐怖体験や精神的ストレスが心のダメージをつくり、その後、時間が経ってからも、その時の強い恐怖を感じてしまうという病気です。自然災害や事故、事件などが原因になることが多いのです。

小さなキッカケで、突然、こうした体験を思い出し、パニック症状が現れて、通常の生活が送れなくなるのです。軽い場合でも、眠れなくなったり、食欲がなくなったりします。

私の妻の場合は、東日本大震災の後に、風で窓ガラスが揺れるだけでも、地震への恐怖感から極度な不安な気持ちになってしまうようになりました。

妻は、幼児期にかなり過酷な体験をしていたのですが、それが東日本大震災をきっかけに一気に噴出し、精神的にも肉体的にも急速に消耗していったのです。

私は「幸せを売る男」のはずなのに、そして全力で救おうとしたのに、27年間、苦楽を共にした妻を救う事ができませんでした。

私の妻は、他人の不幸も全て背負うような形で、ＰＴＳＤで死んでゆきました。

そばにいる私は、誰よりも幸せになる方法を知っているはずなのに何もできない。

できる限りの力で教えようとするのだけれど、聞く耳を持ってくれない。

それまでの会話ができないほど、病気は急に発症し、劇的に悪化してしまったのです。


何という皮肉なことなんでしょうか。

ここで、自身の無力さを教えられました。


私は、妻の死を目の当たりにして、これ以上、こんな悲劇を繰り返してはいけないという思いを、私は強く強く抱きました。

この思いを、幸せ理論のことを、元気でいっぱい話せた頃に伝えていられたら……。


それが、この本を書く大きな動機になっているのです。


全ての人が受け入れてくれなくてもいい、少しでも私の考えを受け入れてくれる人がいて、それがその人の幸せにつながればいい。

妻のような悲劇が、二度と起きないように、一人でも多くの人に幸せになってもらいたい。

第５章

ブランディングとメッセージ：自分をどう世の中に認識させるか

それが私のミッションでもあり、妻への供養にもなると信じたいのです。

このような思いで、私はこの本を書いているのです。


私は「幸せとはどういうことか」を言えない人を沢山みてきました。

人間が一番欲しいものなのに、それが明確になっていない、具体的に言えない。


それは私にとって信じられないことでした。

「自分の欲しいものくらい知っていてあたりまえだろ」と思うからです。

同時に、「もしかしたら知らないから作れない」、いや「知れば作れるのなら、こんなに良いことを知らないのはもったいない」と考えるようになりました。


ただ、「幸せとは何かを知らない」

「自身で定義を持っていない」

「知る機会が無かった」

それだけで幸せになれない。

少なからず知っていれば幸福になる可能性はあったはずなのに、知らないから幸福になれない。

こんな不公平なことはない。

「無知ゆえの不幸ではないか？」

そう考えました。

そこで、たまたまそれに気付き、それを実践して、自ら幸福を作ってきた私になら、人に伝えることもできるし、その信頼度も高いだろうと思ったわけです。

また、それをより大勢の人に伝えることができたら、少なからず多くの幸福でない人が幸福になるかも知れないとも……。

■成功法則をより具体的にとらえる

私の成功の法則は、イコール幸せの法則でもあります。

今まで言ってきた事を、別の角度から見直してみると、下のような図式になります。

この3者が一致しているのが「幸せ」です。

「ビジネス」は、自らがお金儲けをする分野です。

「遊び」は、イコール「大好きなこと」ですから、大好きなことをやっている以上、幸せに決まっています。

すでに第4章で解説したとおり、「ビジネス」で儲けるのはお金だけではありません。

松本和彦の幸せレシピ

私のモットーは**遊びながら幸せに儲けるですが、**

これは**「遊びながら儲けて幸せになる」**と言い換えてもいいわけです。

今まで、**ミッション→目標（ゴール）→価値観（自分憲法・行動指針）**という順番で、幸せの法則をより具体化してきましたが、さらにこの先にある2つの具体化の段階が**「ブランディング」と「メッセージ」**ということになります。

「ブランディング」というのは、相手に「こう思ってほしい」という自分のイメージを決めて、それを相手の心の中に焼き付ける作業です。更に、ブランディングを完成させるためには、ブランド要素として「メッセージ」が必要になります。

ブランドの中身をひとことで説明するキーワードが、「メッセージ」です。

例えば、私、松本和彦の場合は、「遊びながら幸せに儲ける」というのがメッセージです。

カルピスでいえば「初恋の味」というのがメッセージになります。

このブランディングとメッセージの2つについて、この章では詳しく説明してゆきたいと思います。

幸せ理論の実践にとって、とても大事な部分ですので、丁寧に説明したいと思います。

「価値観＝ベイシック」は、自らの行動を目的に合わせるガイドラインです。

しかし、「ブランディング」と「メッセージ」の段階になると、初めから社会、他人を想定します。自分の周りの人間や、不特定多数の人間に対して、あなた自身の好ましいイメージを植え付けてゆかなければなりません。これに成功すれば、対人関係は全て巧くいきます。

ブランディングといっても、商品のブランディングではなく、あなた自身のブランディングなのです。

「あなた」という一流ブランドのイメージを、周りの人たちに植え付ける作業です。

そしてそのブランドを確立する為には、単純で明快な「メッセージ」が必要になるのです。

■ブランディングとは何か

先ず「ブランディング」の重要性と、その実践法について説明します。

「ブランディング」とは、ブランドを確立することです。あの「有名ブランド」とか「一流ブランド」という、意味の「ブランド」です。

ブランドとは、元々は、牛などの家畜に押す焼印の意味でした。今では、企業名や有名商品の商標名として用いられています。

私がこれからお伝えしようとするのは、「あなた個人のブランド」を確立するということです。あなた自身の名前が、有名企業名や、有名商品名と同じような説得力をもつ存在にならなければなりません。あなた自身が、一流の人間としてのイメージを確立するのです。

多くの人は、そもそも「個人のブランディング」ということを全く意識していません。あるいは「個人のブランディング」というと、単に「有名になること」と考えている人もいるようです。

私のいう「個人のブランディング」は、それとは全く違います。

ブランディングは、以下の3段階に分かれます。

1．他人や社会に「こう思ってほしい」という自分のイメージを決める。

2．このイメージのように思われるような具体的な要素を創り、実際に相手に表現してみせる。

3．そして自分が思い描いたイメージを、相手の心の中に焼き付ける。

これで完成です。これが私のブランディングの定義です。

先ず、第1段階は、「社会や他人にこう思ってほしい」という自分のイメージ作り。

これは比較的簡単だと思います。

これはまた、心のワクワクする作業でもあります。「誠実な人」とか、「常にクリエイティブな人」とか、「必ず信頼できる人」とか、具体的なイメージを描きます。

次の第2段階が、これをどのようにして具体的な行動で、相手に表現してみせるかです。

どのような**「要素」**を組み合わせて、相手にイメージを植え付けるかということです。

例えば自分が「誠実である」という風にブランディングしたければ、常に待ち合わせ時間の10分前には来ているとか、相手の要求に短時間で素早くこたえるとか、そういった行動を積み重ねるのです。

また「優しい人」と思われたければ、当然、相手に優しい気配りをして、優しい言葉遣いで話しかければよいのです。相手の誕生日などを覚えていて、そういった折に気配りすることも必要でしょう。

そういった行動を積み重ねる事によって、「この人は誠実である」とか「この人はやさしい人である」という、あなた自身のブランドが確立することができるのです。

先ずは、「他人にどう思われたいか」を明確にする。
自分のブランドイメージをハッキリとつくる。
そして、それを具体的に表現する手段を選んで、着実に実行してゆく。

1つ1つ、**「なりたい自分」を造るプロセス**です。

第2段階の要素の中では、具体的な行動も大事ですが、その他、身に着けるもの、服装なども、非常に重要になってきます。名刺やロゴなどの小物、服装、髪型などが、人に大

きな影響を与えます。自分の理想のイメージに合ったものに、服装や名刺、身に着ける小物なども統一してゆかなければなりません。

こういった行動を続けていれば、こちらが思ってほしいイメージが、自然に相手の心の中に焼き付いてゆきます。

それが「ブランディング」なのです。

行動や言葉を意図的に、ブランディングの為に続けている人は、実は中々少ないものです。これは面倒くさいことのように思えるかもしれませんが、非常に楽しいことです。何故なら、この1つ1つの行動は、自分が「なりたい自分」になってゆくプロセスだからです。自分も楽しみながら、相手の心の中に、あなたの理想のイメージを植え付けてゆくのです。

これに成功すると、例えば「松本和彦」という名前やロゴを見た瞬間に、「誠実」というバックグラウンドが自動的についてくる。これがブランディングになるわけです。

ですから、まず「どう思われたいか」を明確にすることです。

「こちらが思ってほしいイメージを、その通りに相手が思っていてくれている」

これがブランディングの結果、可能になるのですね。

■自分の「メッセージ」を作ろう

「メッセージ」とは、ブランドの中身を一言で説明するキーワードです。

自分のモットーといってもよいでしょう。

ブランドの内容を、短い言葉でわかりやすく説明する必要があります。

「メッセージ」とは、ブランディングを明確化・単純化したキーワードです。

カルピスの「初恋の味」というのは、素晴らしく成功したメッセージです。カルピスというブランドと不可分に結びついています。

私の場合でいえば「遊びながら幸せに儲ける」というのが「メッセージ」です。

この「メッセージ」が社会に浸透すれば、

「あぁ、あの人はこんなことを言っている人だなぁ」
と世間の人に自然に「認識」してもらえます。

この1つのキーワードのもつ力は、実に強力なのです。このメッセージを、さらに企業や商品のロゴに結びつけることも可能ですし、ロゴの下にメッセージ（キーワード）が書いてある、というスタイルも一般的です。

メッセージは、短いキーワードですから、そのバックにある内容を「もっと知りたい」と思わせるようなものでよいのです。長い話の「導入部」のような、短くてインパクトのある言葉が必要です。

私の場合でも、「遊びながら幸せに儲ける」という内容を説明しはじめれば長くなります。実際、それで本を1冊、書いているわけです。

「遊びながら幸せに儲ける」というメッセージをみた人が、
「えっ？そんなことが出来るの？」
「できるなら、その方法を教えてほしい！」
という風に反応してくれればよいのです。

当たり前ではない、人に「あれっ」と思わせるようなキーワードを選ぶ必要があります。

■「メッセージ」はミッションと直結している

この「メッセージ」と、幸せ理論の原点である「ミッション」とは、どう結びつくのでしょうか？　簡単に言えば、自分のミッションを他人に分かりやすく伝えるのがメッセージです。

ミッションとメッセージは、矛盾なく一筋に繋がっていなければなりません。ミッションとメッセージが矛盾しているようでは、それは正しいメッセージにはなりません。

今までの本書の流れを復習してみましょう。

ミッションを具体化する為に「ゴール」を設定しました。

「ゴール」を達成する行動指針として、「ベイシック（価値観＝自分憲法）」を作りました。

ここまでは自分の心の中の動きです。

次に、「ブランディング」の段階になります。

「ブランディング」の第1段階である、理想的な自分のイメージに従っての「メッセージ」づくり、これは自分の心の中で行なう内面的な作業です。

ところが、それを他者の心に植え付けるという第2段階と第3段階は、対外的な働きかけです。

だから当然、「ブランディング」や「メッセージ」は、ミッションを社会に向けて表現するものでなければなりません。「ブランディング」や「ミッション」が矛盾するようでは、それは正しいやりかたではありません。

■「お金」の稼ぎ方と、使い方

ここで実践的な「お金の哲学」について、お話ししたいと思います。

この項目は本来、「価値観（ベイシック＝自分憲法）」のところで述べたほうがいいのかもしれませんが、ブランディングやメッセージという他人とのかかわりの中で重要な要素になるのが、お金を通じた他人との関係です。

そこで敢えて、ここでお金の稼ぎ方や使い方についての、私の価値観を述べておこうと思います。

先ず、お金をどうやって稼ぐか、どうやって獲得するかということです。こう質問すると、一番多い答えが「働いて得るもの」という答えだと思います。

しかし実際には、労働以外で得るということも多いのです。例えば、大家さんが得る家賃収入、投資家が得る配当や利息の収入などはこれです。こうした例も仕事と言えば仕事なのですが、直接はそんなに働いているわけではありません。

この場合は「お金がお金を生んでいる」ということです。実はそういうお金の儲け方のほうが、労働力の数十倍以上のお金を生んでいるというのも現実です。

世間一般の常識では、まだ「お金を得るには働きに行く」「お金は労働で得られる」と考えられていますが、これは古い「バイアスのかかった考え方（固定観念）」に過ぎません。

お金の得方についての発想を柔軟にしてみることで、幸せな生き方の可能性は大きく拡

第 5 章
ブランディングとメッセージ：自分をどう世の中に認識させるか

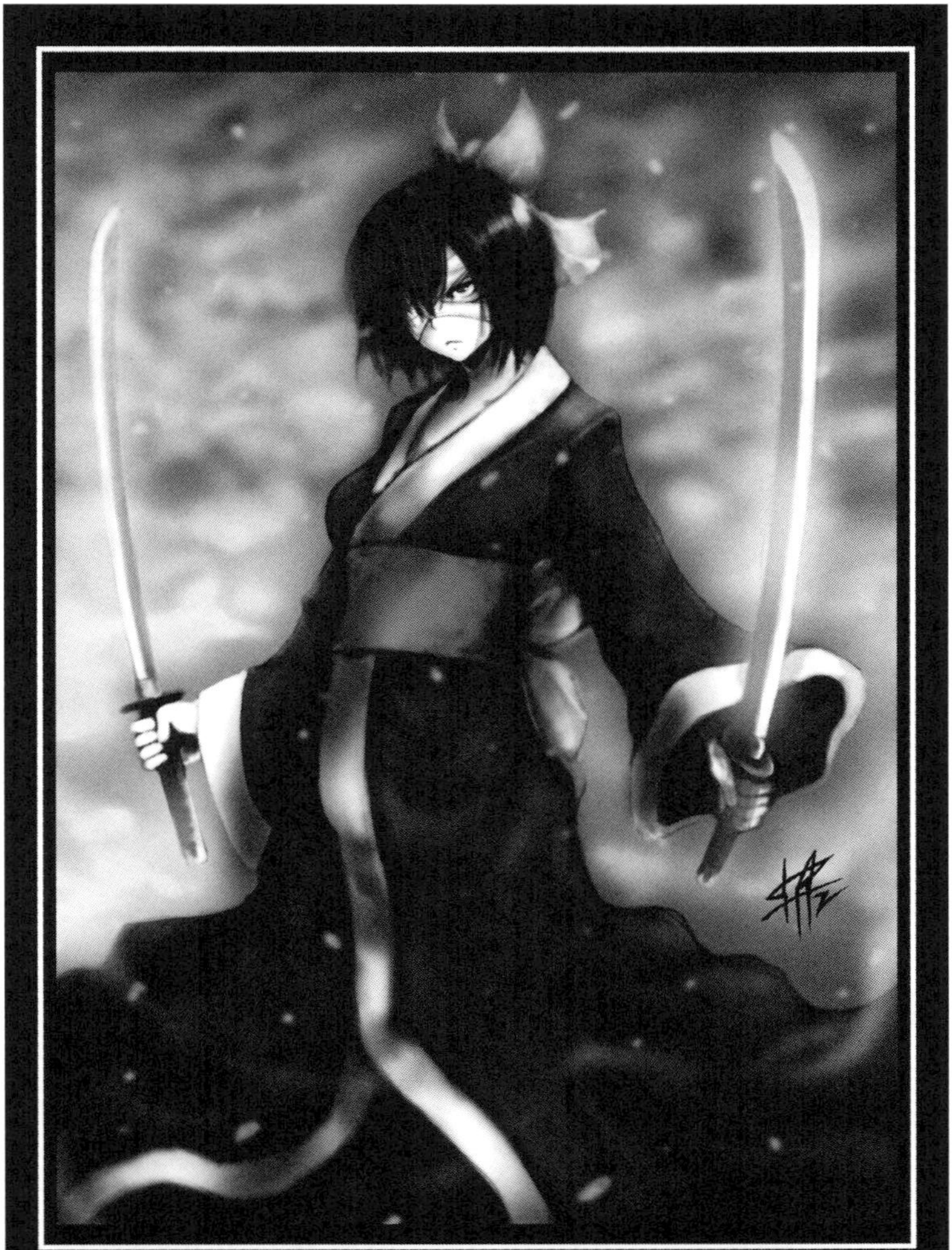

がります。

つまり、自分が働くだけでなく、「どうやってお金に働いてもらうか」を考えるのです。こういう風に、お金の稼ぎ方に関する考え方を柔軟にすることで、収入に余裕もでき、これが幸せに繋がります。

それでは、お金の使い方はどうすればよいのでしょうか。それを次に紹介したいと思います。

■幸せなお金の使い方
:「あぶく銭」が入ってきた場合はどう使うか？

お金の使い方は、**入り方の種類によって、前もって決めておく**のが正しい使い方です。

予期せず入ったお金を、ここではあえて「あぶく銭」と呼びます。主に、遺産相続や宝くじ、ギャンブル、臨時収入などのことです。

普通、「あぶく銭」はあぶく銭として使ってしまうのが、一般的傾向です。

一番よくあるのは、ギャンブルで儲けたお金を、またギャンブルに費やしてしまうというパターンです。そこで元の木阿弥になってしまい、諺で言う「悪銭身につかず」ということになってしまいます。

私は、**「あぶく銭」は「あぶく銭」として使うのではなく、「出来るだけ、貴重な労働の対価として支払う」ことにしています。**これが私の価値観です。

なぜならば、「あぶく銭」ではあっても、それが人の労働に対する報酬になった時に、お金は「生き金」になります。世の中に対して、しっかりと役に立つお金に変身するのです。

そのまま宙ぶらりんな「あぶく銭」のままにおいておくと、お金は成仏しません。

あぶく銭は、しっかりとした労働の対価という形に変えてあげて、世の中を循環させてあげるのです。そうすると、世の中全体の経済は発展し、幸せも増えることになるのです。

ですから、運よく宝くじがあたった場合、まず絶対、宝くじや株のような（あぶく状態の）ものは買ってはいけません。

消費する時はなるべく、そこに「人の関わりや労働」が見えるものや、具体的な形があって「原価」が見えるものに使いたいと、私は考えています。出来るだけ労働者の顔が見えるような用途に使うというのがイメージです。

素敵なシェフの作る創作料理を食べに高級レストランで食事をする。

職人さんが作った形あるもの。これも「形のあるもの」イコール、生産原価がかかっているわけです。

また、旅行なども、原価がかかっています。人の顔が連想できるもの、形があり、原価が見えるものを買うのです。

株式投資のお金やFX投資などで、予定以上に儲けた時なども、極力、実物（形あるもの）に使うようにしています。

株で儲けて、またすぐにその利益を株にまわすと、なくなった時にゼロになります。

第 5 章

ブランディングとメッセージ：自分をどう世の中に認識させるか

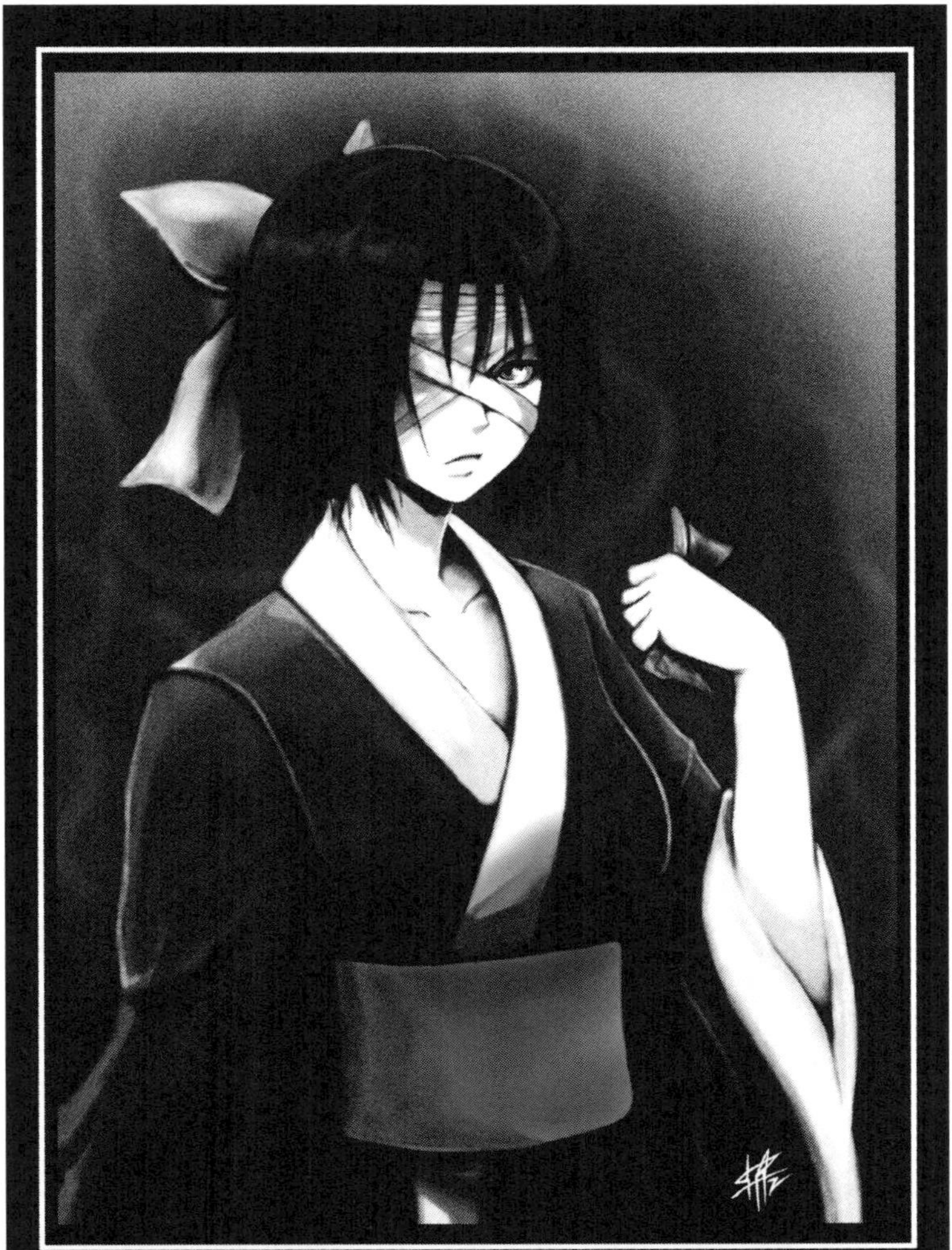

何かに引き出して、原価のある形あるもの、人の顔が見えるような価値あるサービスに使ってこそ、お金は社会的に生きた役割を発揮します。

株を株として放っておいても、何の価値もありません。ただの「株券」です。株価が上がれば、単に数字が増え、株価が減れば単にその数字が減るだけです。

私の「あぶく銭」の定義は、数字が消えてなくなる可能性のあるものです。

宝くじが当たったのに、不幸な人生を送る人もいます。これもあらかじめ、「使い道」を決めていなかったからです。

あらかじめ「使い道」を決めておけば、そんなことにはならなかったはずです。

宝くじを買った人はそれで又、宝くじを買ったりする人も多いようですが……。

■お金は誰かからもらうものではなく、自分で生み出すもの
‥生み出す力を身に着ける

お金に関しては、私は**「価値あるものを創る技術、能力さえもっていれば、いつでも手にできる」**と考えています。「お金は働かずしても得ることも可能」という事を知っています。

つまり投資技術や考え方も含め、こちらに能力や技術があれば、言い換えれば、相手が欲しいと思う商品やサービスさえもっていれば、お金はいつでも自分で生み出す事が出来るのです。これも、大切なお金の考え方です。

要するに、「お金は人がくれるものではなく、自分でつくるもの」という考えです。

自分にお金を作り出せる能力さえあれば、いつでも手に入り、本当にミッションに沿った自由な生き方ができるので、その能力を身につけることが大事です。「幸せ」になる為の必要条件です。

具体的には、お客様さえつかまえられて、見せればすぐに売れるもの、こういうものを用意できる必要があります。

幸せに儲ける為の「マーケティング」を知り、後程、お伝えする「ブレイン・コレクショ

ン」で商品を創るのです。これが応用できれば、お金に不自由することはなくなります。これが出来れば、常に人の下で働かなくても、自由に独立してお金を稼ぐ事も出来るのです。「価値ある自分の商品をもつ」ことが、如何に大切かということです。

その為には、サラリーマン的な発想だけでは、ダメでしょう。会社からの給料や誰かに養ってもらうという事も含め、お金は誰かからもらうものではありません。

お金は、どこかに就職してそこのお手伝いをしないと手に入らない、というものではありません。

自分にお金を得られる能力があり、商品（サービス）があれば、いつでもお金は手に入る。そうすれば、本当にミッションにあった生き方が自由に出来るのです。

それでは、具体的にどのように、そういった商品を開発し、マーケティングを行なうかを次の章で説明します。

第6章

マーケティングと商品開発

「幸せに儲かる法則」の実践‥

第5章の終わりで、本当にミッションに合った自由な生き方をする為には、「自分でお金を得られる能力をもち、いつでも売れる商品をもっているという事が大事」と述べました。

社会に必要とされる能力をもち、いつでも売れる商品（サービス）があれば、いつでもお金は手に入るのです。

それが真に自由な、ミッションに合った生き方を可能にします。

つまり、**「価値ある自分の商品をもつ」ということが、どうしても必要になってくるのです。**

私はここからの章の読者には、基本的に自立してビジネスをやりたいと考えている人々を想定しています。今はサラリーマンでもやがて自立したいと考えている人々が第1の読者層です。

第2の読者層は、サラリーマンや主婦であって、それをやめようとは思わないけれども、副業をもってより大きな経済的自由を獲得して、自分のミッションにあった自由な生き方をしたいと望んでいる人々です。

この第6章は、この2種類の人々に大いに役立つと思います。

価値ある自分の商品を持つ為に、行なうべき実践は、「マーケティング」と「商品開発」です。私はこの「マーケティング」を「ハート・トゥー・ハート・マーケティング」と呼んでいます。

具体的な商品開発の方法は、「ブレイン・コレクション」と呼んでいます。これについてはこの章でくわしく解説します。

ブランディング→マーケティング→商品開発

という形で、実践すればそのまま利益が生まれて来る方法を公開します。

ここで私が今まで話してきた内容を、もう一度、復習してみましょう。

それをまとめると、次ページの表になります。

第5章では「ブランディング」を先ず説明し、次に「メッセージ」作りについてお話ししました。ブランディングの第1段階である「自己の理想的なイメージ」が完成していないと、メッセージづくりが出来ないからです。

しかしここでは、順番を逆転して、「メッセージ作り」を4番目にいれています。それは「メッセージ作り」が自分の心の中で行なう仕事だからです。

そして「ブランディング」の第2段階と第3段階は**対外的な働きかけ**です。

ここでは主に「ブランディング」という言葉は、ブランド（自分の理想的なイメージ）を周辺の人間に植え付ける対外的な作業という風に捉えています。

そうすると、**1～4は自分の心の中でする作業**。その準備を終えた後に行なう**対外的な働きかけ、即ち社会的実践が、5～7**ということになります。

■「遊びながら幸せに儲ける」成功法則　７段階

自らの心の中で行う準備（1～4）

- 1. ミッション設定
- 2. ゴール（目標）設定
- 3. 価値観（ベイシック）の完成
- 4. メッセージの完成

体外的に行う具体的実践（5～7）

- 5. ブランディング
- 6. マーケティング　ハートトゥハートマーケティング
- 7. 商品開発　ブレインコレクション

上記の7つの項目を、よく覚えておいてください。

この7つの鍵こそが、人生の成功の鍵であり、幸せの鍵なのです。

それでは次に、第6段階のマーケティングと第7段階の商品開発について説明してゆきましょう。

■4P＋3P＝7P

私は商品・サービス開発もマーケティングも「共感」を基にした、幸せになるためのツールと考えています。

商品・サービスは「幸せになる為のツール」であり、私はこれを販売する為の、マーケティング手法「ハート・トゥー・ハート・マーケティング」を開発しました。

常識的には、マーケティングとは「如何にモノを売るか」とか、「モノを売る為の仕組み」と考えられています。

そして一般の経営学のマーケティング理論などでは、よく4Pということが教えられます。

4Pとは、「Product（製品）、Price（価格）、Place（流通チャンネル・場所）、Promotion（広告・宣伝）」のことです。つまり、この4つのPの条件が整っていれば、マーケティングが成功するとされているのです。

確かにこの4Pはそれはそれでいいのですが、これだけでは十分ではありません。

私の提唱する「ハート・トゥ・ハート・マーケティング」では、人間の一番の接点である「共感」を大前提に、ものごとを考えてゆきます。

この「共感」というのは、「私もそう思う」「同意する」という**相手の感情の動き**です。

そして「共感」を得る為には「何がなければならないか」ということを考えます。

「共感の基」が一番のポイントになります。これを私は「ポリシー」と名付けています。

実はこの**ポリシーは、ミッションと価値観（自分憲法）とメッセージの3つを総合したものです。**

そして、**「ポリシー（ミッション＋価値観＋メッセージ）」を大前提に、マーケティング**

の対象である「パーソン（個人）」と「プライムタイム（重要な時間帯・期間の事）」を合わせて考えます。

「ポリシー」と「パーソン」と「プライムタイム」の３つが、３Ｐです。

ポリシーこそが、共感を生み出すもとであり、その共感を拡げる為に、「パーソン（ターゲットの事）」と「プライムタイム」のことも総合的な視野に入れて考えます。

初めに申し上げた４Ｐに３Ｐを足して、７Ｐになります。これが「ハート・トゥ・ハート・マーケティング」の神髄です。

共感の要素を拡げる為に必要なのが、７Ｐなのです。

これが一般のマーケティング理論との大きな

■「ハート・トゥ・ハート・マーケティング」の7P

全ての商品は共感を拡げる為のツールである

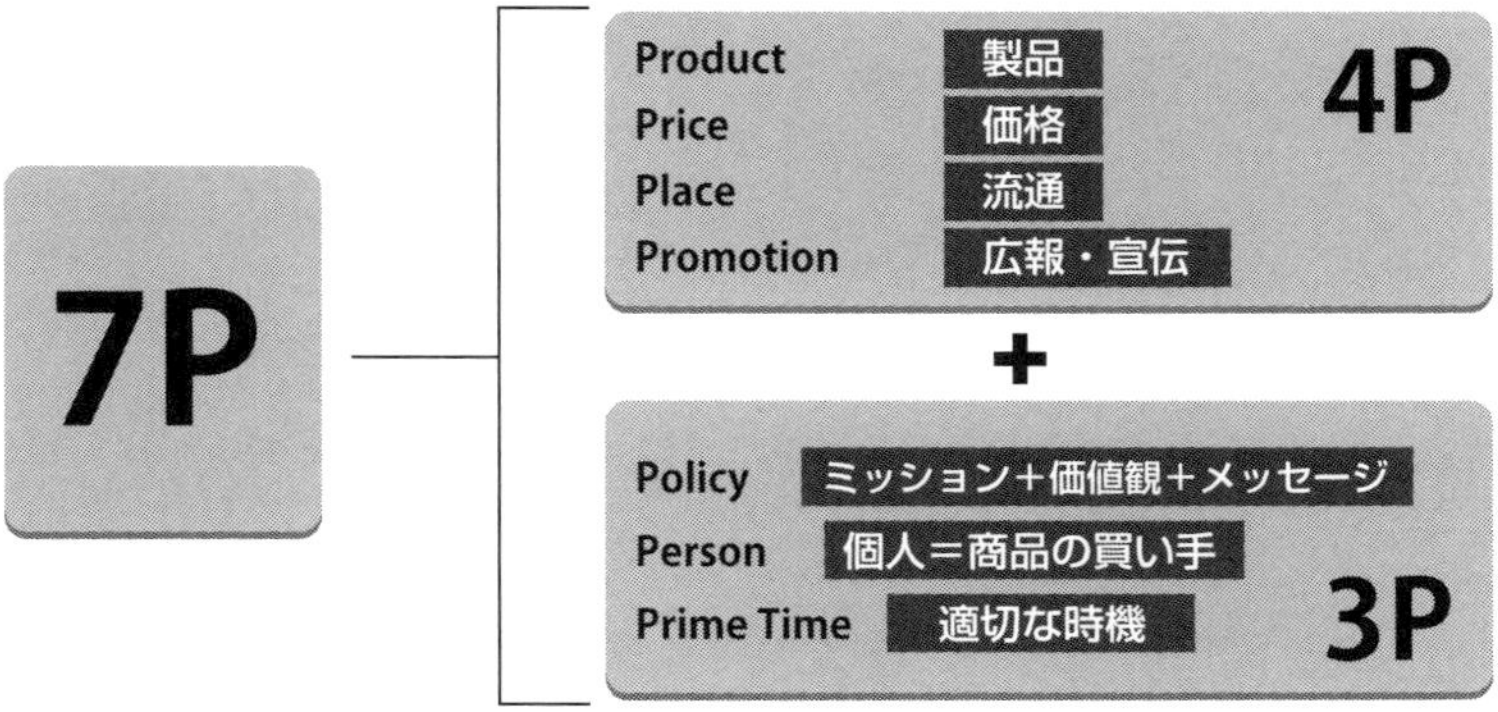

■美味しいもの、売れるものづくりのワーク

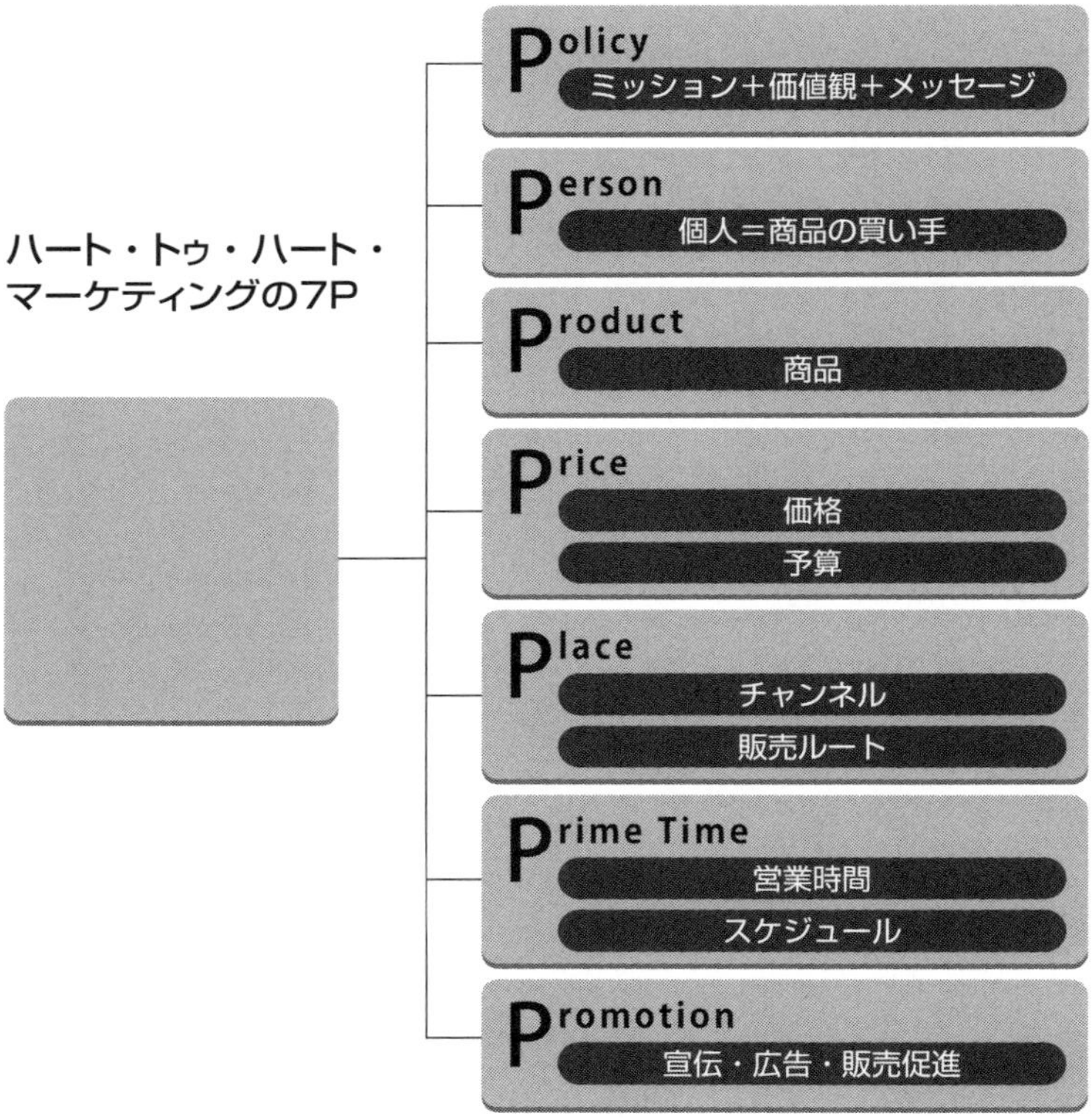

※4P分析も4C分析も、顧客の一番の購入根拠である「共感」が抜けています。
4C分析とは「消費者の目線にたった商品分析」をするフレームワークとして有名です。購入価値（CustomerValue）、購入コスト（Cost）、利便性（Convenience）、対話（Comunication）の頭文字C、4つのCをベースに商品開発を設計するとしています。

「ハート・トゥ・ハート・マーケティング」の7Pでは、「共感」「顧客」「タイミング」を含めた7Pを構築することこそが、現在、お客様に必要とされるマーケティングの定義としています。

違いです。

■マズローの欲求段階理論と、商品の単価の関係

どうせ「商品（サービス）」を売るなら、単価が大きいものを売ったほうが儲けも大きくなります。

1個100円のアイスクリームを売るよりも、1台1000万円の高級車や1個3000万円の宝石を売ったほうが、儲けが大きくなるのは誰でも分かります。

それでは、単価が高い商品を売るにはどうしたらよいのでしょうか？

それには第1章でとりあげた「マズローの欲求5段階説」が役に立ちます。

単純化して言えば、より高いレベルの欲求にこたえる商品ほど、単価は高くなるのです。

これを、食べ物の話で説明するのが分かりやすいでしょう。

これも「幸せ理論」と一緒で、生存欲求から自己成長まで、5段階あります。

誰もが想像しやすい「食べ物」を例に説明するのが、分かりやすいでしょう。

一番安いのが、「生理的欲求」で、一番最小限のものを満たすレベルです。

食べ物であれば「最小限のカロリーや栄養補給ができるだけ」という**必要最低限の条件を満たすもの**になります。

このステージでは安い、早い、便利が要求され、「美味しさ＝機能の良さ」よりも「空腹を満たす」ことの方が優先されます。ファストフードなどは、この段階の代表です。

第2段階の「安全欲求」では「美味しさ

■マズローの欲求5段階説

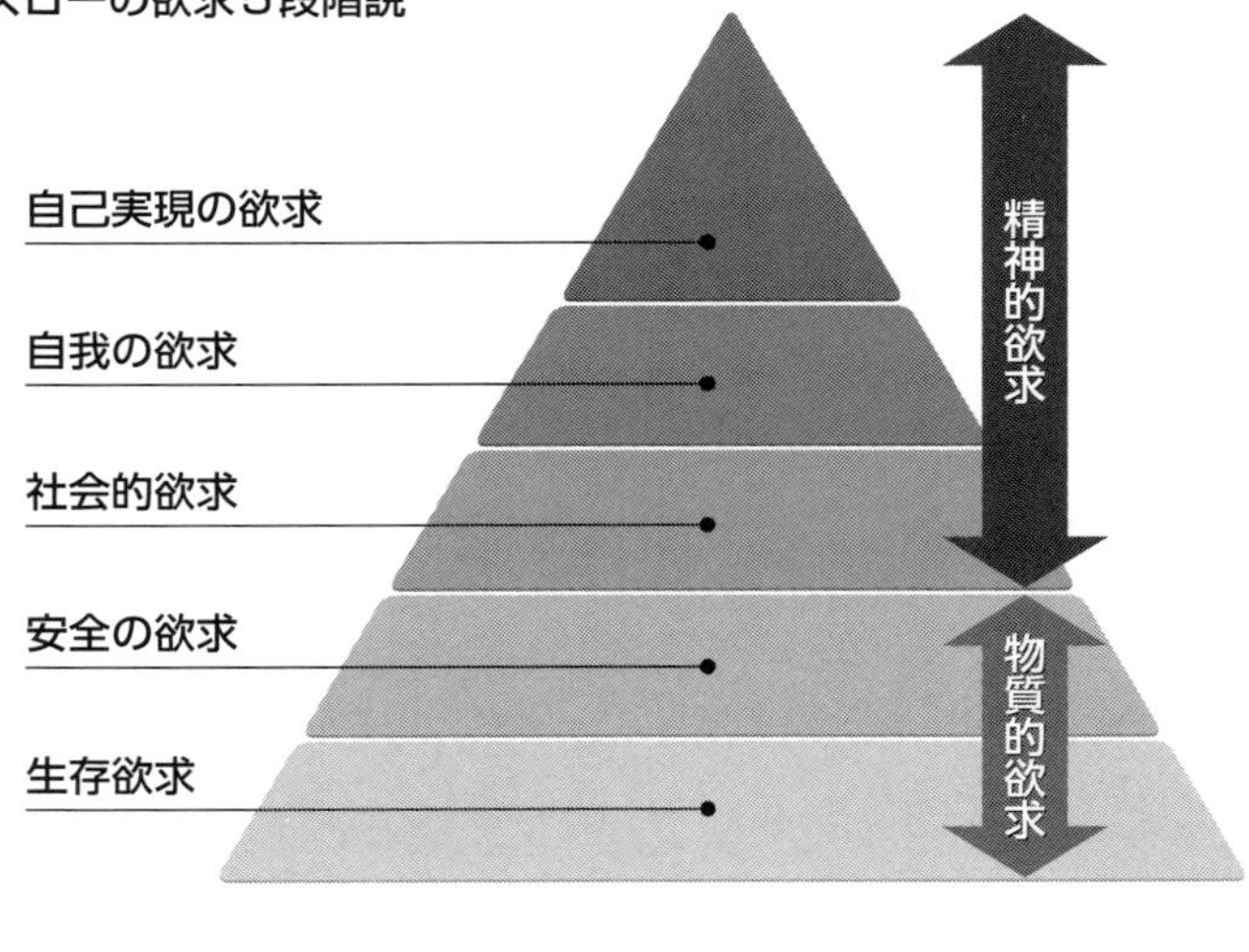

十安さ」が求められます。

ここで初めて「いいもの（安全なもの）が欲しい」と欲求がでてきます。「美味しいもの（機能）」が売れ始めるステージです。


第３段階目は「社会的欲求」であり、言い方をかえれば「愛情・帰属欲求」です。

このレベルでは仲間や家族との団欒、楽しさが求められます。１人で食事をするのではなく、仲間や家族とテーブルを囲み、雰囲気のよいところで食事をしたいという欲求が出てきます。

また愛情欲求を満たすためには、お店の側もお客様を丁重に扱い、お出迎えやご挨拶、帰りの見送りなどが必要になってきます。

■幸せの5段階説

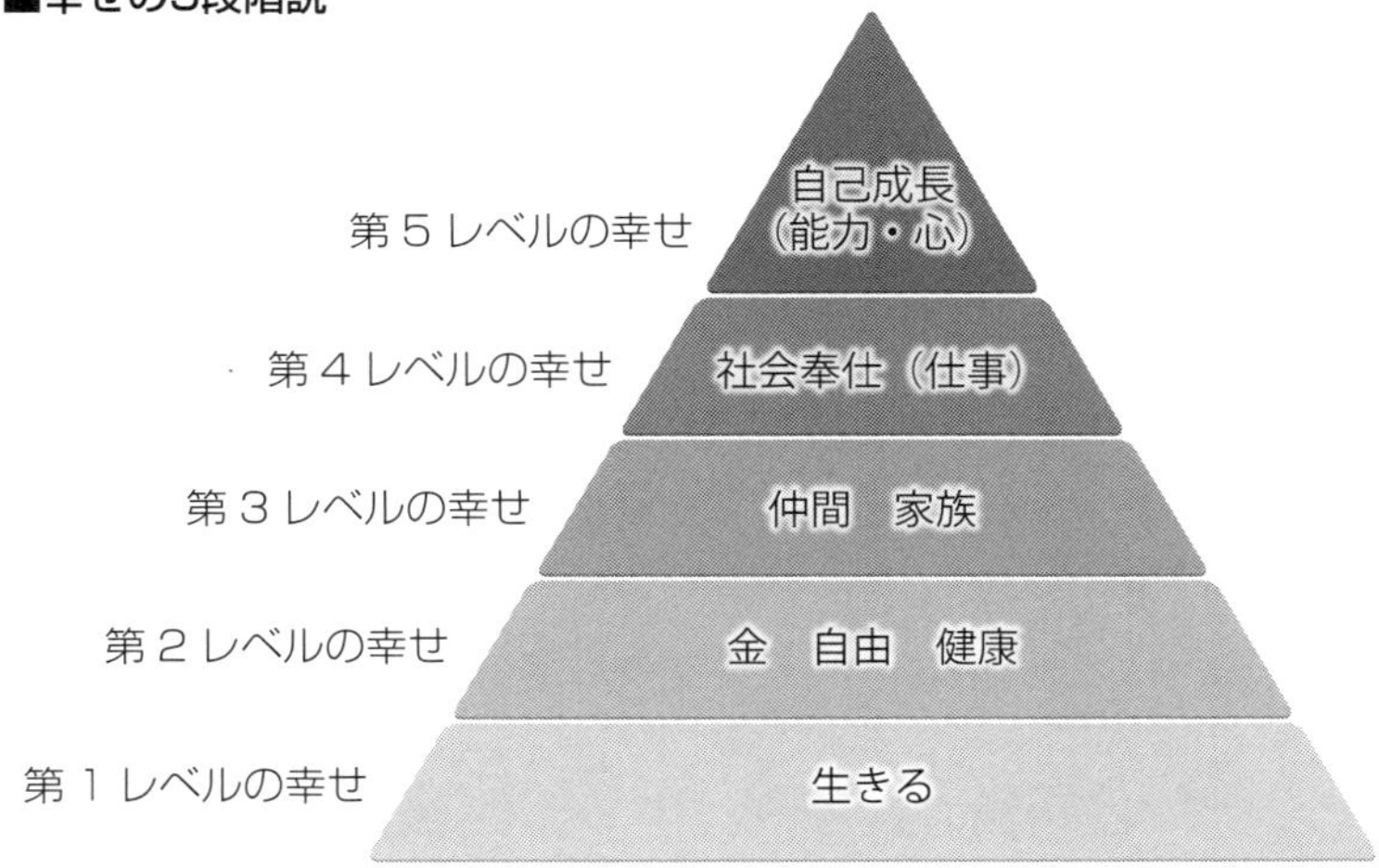

第４段階目の自我の欲求ですが、これは「承認・尊重欲求」と言い換えられます。「人に褒められたい」「自己満足を楽しみたい」というレベルです。

このレベルの単価はもう少し高くなります。車でいえば、高級車が与えてくれる自己満足が、このレベルにあたります。

ゲストに喜んでもらう会食なども、この段階に入ります。ゲストに褒められることが、大きな自己満足を生むのです。ゲストを喜ばせることによって、自分自身が褒められることが、大きな自己満足を与えます。

欠陥があれば、その欠陥を修正して社会から称賛されたいという欲求が満たされます。美容整形やエステなどは、このレベルに入ります。

第５段階目の「自己実現欲求」は「自己成長」ともいいますが、新たな発見、出会い、気付きを受け入れ、成長したいという欲求です。このステージでは、一番、高いレベルです。

人は付加価値が感じられれば非常に高い対価を支払っても満足します。

例えば、食べ物なら「驚くほど美味しいもの」「今まで全く食べたことがないような最高のもの」「珍しい食材や希少なもの」などが、このレベルにあたります。

サービスに関しても、食品を作る人が、有名な職人であったりシェフであったりします。また製法が驚くほど複雑かつ手間のかかるものであれば、自己実現欲求が満足されます。

例えば、「1か月かけて作るデミグラス・ソース」などが、これにあたります。

このステージでは機能性よりも付加価値が高く、「驚きを伴った自己成長感のあるもの」が必要です。

食品以外では、自己の成長になるもの、すなわち知識、技術を獲得することなども、このレベルに属します。大学にいくとか、海外に留学するというのも、この第5レベルの話です。

新たな知識や技術を手に入れて、自己成長を実現するためには、人は多大の出費を惜しみません。より高い商品開発をしたければ、「これは自分の人生、キャリアにとって非常に重要だ」と感じることのできる、周囲が驚くほどの、より高い付加価値の商品を意図的に創ればよいわけです。

以上、まとめてみると、マズローの欲求レベルの5段階の理論と、商品の単価とは完全に正比例しているのです。高いレベルの欲求を満たす製品ほど、単価が高くなります。

また、高いレベルの欲求を満たした時ほど人の幸せ度は高くなりますから、欲求レベル

■事例：飲食店の客単価と欲求の関係

ワクワク度（感動の大きさ）	フツー	ウキウキ	ワクワク	中ワクワク	大ワクワク（感動）
おいしさの幅			あまり変わらない		
欲求の内容	空腹を満たす 休息を取る	美味しいモノがほしい 安く買いたい 早くほしい 横着がしたい 変わったことがしたい、見たい（好奇心）	相手にされたい 気付いて欲しい ワクワクしたい 楽しみたい くつろぎたい	自慢したい 認められたい 話して欲しい 褒められたい 大切にされたい	感動したい 新たな発見、出会い、気づきが欲しい 違う自分になりたい
具体的作業	ファストフード化	安い価格 早い提供 美味しい商品 好奇心を呼ぶ仕掛けこだわり	ごあいさつ 従業員の笑顔 従業員の声かけ 従業員の動作 内外装の雰囲気	従業員特にシェフの声かけ 来店のねぎらい	おどろかせる 泣かせる 笑わす ミッションを伝える 非日常的空間
アルコール				アルコールの推奨 安価なもの	アルコールの推奨 高級アルコール
客単価	250円～600円	600円～1000円	1000円～2500円	2500円～5000円	5000円以上
店舗	ファストフード	ラーメン店	郊外型 イタリアン 焼肉店	ダイニングバー 居酒屋	料亭・レストラン
欲求の内容	生理欲求	安全欲求	愛情・帰属欲求	承認・尊重欲求	自己実現欲求

の理論と幸せ理論も表裏一体だということが分かります。

つまり、「欲求レベルの高さ＝幸せ度の高さ＝商品の単価」という公式が成立するのです。

人間にとっては、幸せになるとは、自己の欲求を満たすことです。

その欲求を満たす為に対価を払うという行動が、購買とよばれます。

従って、高い利益を得ようとするなら、出来るだけ高い付加価値の商品を売る必要があります。

付加価値の高い商品とは、つまり、高いステージの欲求を満たすような商品です。

そのような商品を開発、販売すれば、利益が大きいということになります。

以上のことが分かった上で、商品を開発すれば、失敗はないのです。

■世の中の「ニーズ」は5つしかない

「マズローの5段階欲求の法則」と商品の単価の関係が明らかになりました。

欲求には、基本的に5種類しかないのですから、それを満たすニーズも5種類しかないということになります。

もう一度、いうならば、

生きる為に必要最低限のものが欲しい
いいものを安く欲しい
楽しめるものが欲しい
自分と人を喜ばせるものが欲しい
自分を成長させてくれるものが欲しい

世の中には、この5つのニーズしかないのです。

自分の売ろうとしている商品が、どのレベルのニーズを満たして商売をするものなのかを、ハッキリ見極める必要があります。

第６章

「幸せに儲かる法則」の実践：マーケティングと商品開発

ただ一つ、例外的なのは、最後の自己成長させてくれるものです。これだけはオールマイティで、高いものもあれば、安いものもあります。

ですから、「安いけれども自己成長させてくれるもの」が開発できたなら、大ヒット間違いなしです。

価格ステージに対応した〝価値〟こそが、本来の顧客の〝ニーズ〟です。

この5つのステージ別の欲求が、人間の幸せを構成するものですから、商品・サービスは価格帯によっていずれかのステージの要件を満たせば良いのです。

【1つめのニーズ：生きるために最低限、必要なものを満たしてほしい】

たとえば、必要最低限の食事、インフラ、最低限の住む場所。

これらが無いと生命の危険にさらされます。だから「最低限、生きるために必要なもの」ということになります。

【2つめのニーズ：金、自由、健康を得るためのものを満たしてほしい】

たとえば、生活に必要なだけの給料、守られた人権、元気な身体。

この3つが欠けると不幸せを感じますね、金はあまるほどあっても病院から一歩も出られない、逆にいくらピンピンしていても金が無かったら不自由ですよね。生存欲求ほどではないにしろ、このステージも欠けると幸せにはほど遠くなります。

だから出来る限りコストをかけず「機能の良いもの」を得て安定の確保をしようとします。

したがって「安くて機能の良いものが欲しい」というのが2段階目のニーズです。

「機能の優れた必需品」なのです。であれば少しでも安く買いたくなるのが人間です（資産保全の安全欲求）。私が「機能の良さと儲けは関係無い」という理由です。

【3つ目のニーズ：家族・仲間とのコミュニケーションを楽しくしてほしい】

このステージではこころの平安、安らぎがニーズになります。

「家庭的な雰囲気が欲しい」「愛情のこもった料理や接客」などがこれにあたります。

愛情の反対は「無視」です。人間は「相手にされない・仲間に入れない」「寂しさ」は基本的に不幸と感じます。

単価の低いファストフード店やラーメン店などでは挨拶されなくても気にならないの

に、もう少し単価の高いファミレスで案内されなかったら理不尽だと不満を生じるというのが主な例です。

【4つ目のニーズ：「認められたい」「誉められたい」「自己満足したい」「自己自慢したい」という欲求を満たしてほしい】

いわゆる「えらくなりたい」「人気ものになりたい」というニーズです。

これは現在認められていない人には重要なニーズですので、「コンプレックスの解消」という形になって表されます。この市場も付加価値が大きい市場です。

やせたい、美人になりたい、モテたいなど「コンプレックス解消」を満たす商品は高く売れます。

【5つ目のニーズ：「自己成長」「新たな発見、出会い、気付き」を与えほしい】

「自己成長」も大きなニーズです、大学に行って学ぶ、海外旅行して新しい体験、発見をするために大金を使いますがまさに、このニーズの対価なのです。

人間は自分の成長にはコスト、投資を惜しみません。このステージのニーズこそ狙い目です、またこのニーズはほぼオールマイティです。価格が安かろうが、高いものであろうがすべてに通じます。

私はこの5つのニーズの内の、**上位3位**を使って、ヒット商品を作る事に成功しています。

特に「4、5段階目のニーズあり」と判断したときには、大量の資金を使い、そのニーズにあった価値の認知（プロモーション）を促進させます。

よく「ニーズを探る」という言い方をしますが、自分の顧客層を見て、このくらいの総体的なレベルだなぁ、というのが分かれば、自分の商品の価格帯も決まってきて、「ニーズ」はそこしかなくなってくるわけです。

ニーズが元々わかっているという発見は、大きなメリットをもたらします。

1．確信があるので思い切った投資ができる。
2．商品開発時からニーズを目標としているので正否の判断がしやすい。
3．ニーズを調査する必要がないので調査費用がかからない。
4．マーケティングと商品開発が一体化するのでコンセンサスが取りやすく目標を外さない。

コスト面の優位は勿論、成功確率も圧倒的に上がるのです。「もともとニーズは5ステージしかない」という理論をわきまえていると、これが可能になります。私はいつもこの理論で商品開発をしているのです。

■商品開発は、五感をつかって共感せよ

「五感」というのは、勿論、**視覚・聴覚・味覚・触覚・嗅覚の5つの感覚**のことです。五感すべてを刺激するような商品やサービスは、魅力的です。**五感すべてを刺激するような商品やサービスは、五感すべてを使って開発しなければなりません。**

五感を刺激するような商品は、お客様の共感を生み出すことができるのです。それで、よく売れることになります。

通常、商品開発では「機能」だけを追って、商品を考えてゆく事が多いのです。「デザインがよい」イコール高く売れるというのは、それが「共感」、つまり「承認、尊重欲求」

を満たすから高く売れるということなのです。

お客様が五感を通じて、「センスがいいなぁー」と感じてくれれば、そうした共感をもとに商品は売れます。商品を開発する側から言えば、五感を通じて、お客様に「センスがいいなぁー」と共感させることが必要になります。

共感するということは、商品そのものの価値以上に、情緒的な価値を生むことになりますので、より付加価値が増します。

どちらかといえば、五感を使って得られるのは、「自己満足」である場合が多いと思います。「自分と同じ趣味の人がいるわね」と共感するというのは、お客様からすると「自己満足」にあたります。

自己満足は上からマズローの5段階欲求説では、上から2番目の「承認・尊重欲求」にあたります。このレベルでの欲求が満足させられれば、高い付加価値のついた商品が売れる事になります。だから五感というのは非常に重要なのです。

より具体的にいうと、五感で満足の対象になる項目は、10項目あります。

まず、**視覚**の場合は、**「色」**、**「形」**、**「動き」**です。この3要素をどうするか？ということ

とを考えます。

聴覚の場合は、**「音」**、と**「メッセージ性（言葉）」**も含みます。

味覚では**「機能」**と**「素材（製法）」**が関係します。

触覚では、**「温度」**と**「触った感じ」**が大事です。

嗅覚はもちろん**「匂い」**です。

この五感の項目を全部合わせると、10項目となります。

「五感10項目」を満足させるような商品を考え、「五感10項目」のより多くを満足させる商品を作る事が必要です。

しかし、10項目の全てを満足させることはできませんから、10項目のどこを特化させるかという事を、商品開発の時には、意識的に考えてゆきます。

ポイントは、

1．常に五感を常に使って考えるということ。

2．五感を満足させる商品を考えること。

この2つです。

五感を使って、商品を実際に創ってゆくアプローチ法が「ブレイン・コレクション」です。次にこの私が開発した発想法である「ブレイン・コレクション」について説明します。

■情緒に訴える商品開発：ブレイン・コレクション（頭脳集積法）前もって決めた要素で枝から幹、根っこへと逆算アプローチ！

よく商品開発では「いいものを作ったら売れる」とか「性能のよいものなら売れる」ということが、盛んに言われてきました。それも大切な事ではありますが、「ポリシー」の項目でも解説の通り、**情緒に訴える、共感を得るというのが決定的に重要**になってきます。

大ヒット商品を見ていると、「いかに共感できるか」と情緒に訴える力が感じられます。「これを持つと嬉しくなる」「私もデザインがいいと思う」「これをもつと楽しくなる」といった、共感されるものを作ることが大切です。

情緒はイコール、ほぼ五感に訴えるということが重要になります。

■五感発想法　ブレイン・コレクション（iPadの場合）

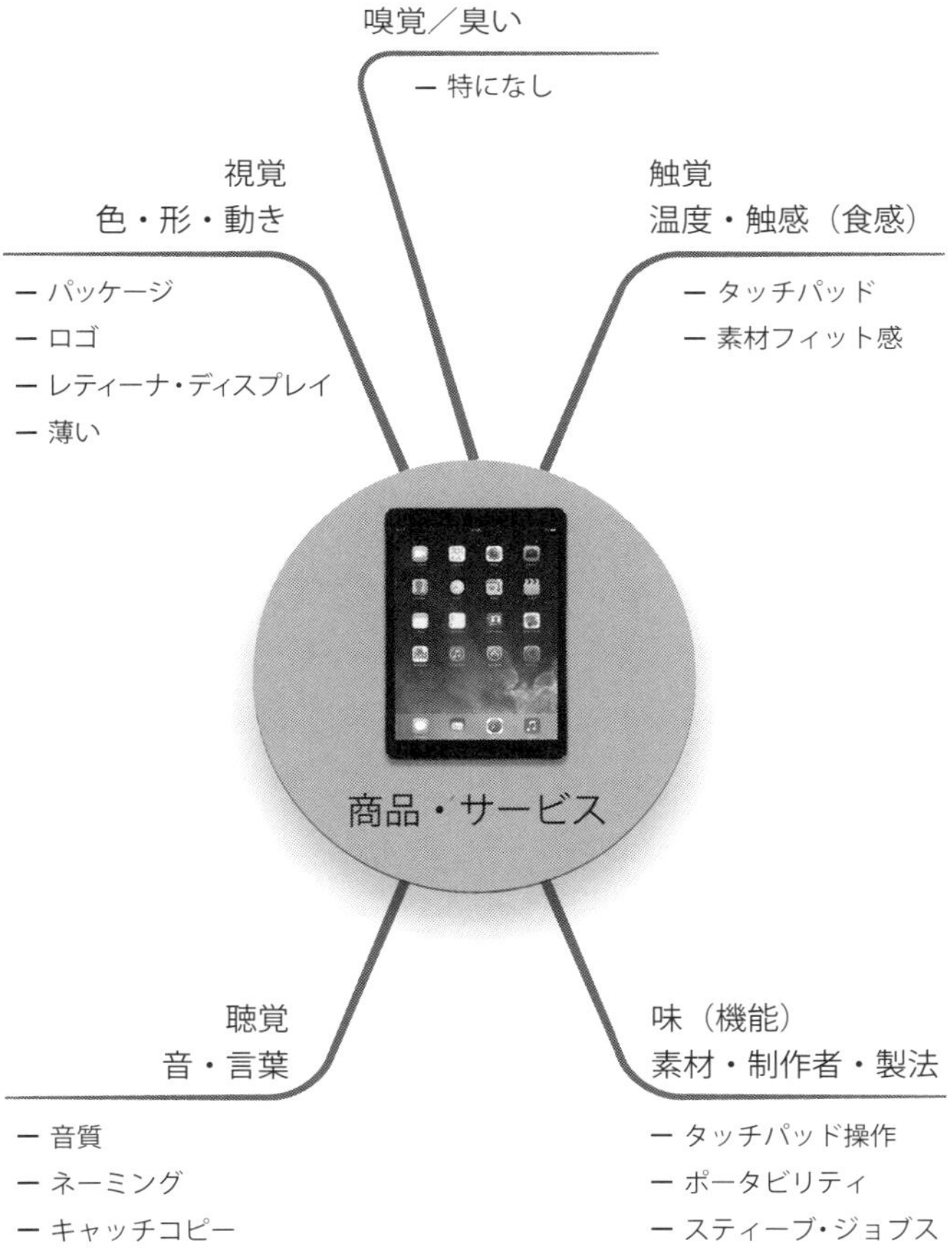

食べ物で言えば味覚が重要となりますが、この五感の中の味覚を、工業製品などであれば「機能」に置き換えて考えてください。

味覚以外の、聴覚・視覚・触覚・嗅覚という項目を整えることが必要となります。

アップル社のヒット商品、アイパッドやアイフォンなどは特に五感を刺激することを意識した製品だと思います。

まず、「さわり心地」という触感に観点をおき、次にシンプルが故のスマートさ、デザイン性という点で、視覚欲求を同機能の他社商品より満たしています。

嗅覚は使われていませんが、全部使えばいいのかといえばそうではなく、**「どこか特化されたところがある」という事が重要**です。後で、開発した商品を検証する時に、**五感を使って検証**すればよいのです。

前の項目で述べた、五感を含んでいる10項目の機能をどのようにメリハリをつけて整えるかがポイントです。言い換えれば、「五感10項目のどこに特化させるといい商品ができるか?」と考えてゆくのです。

■五感発想法　ブレイン・コレクション

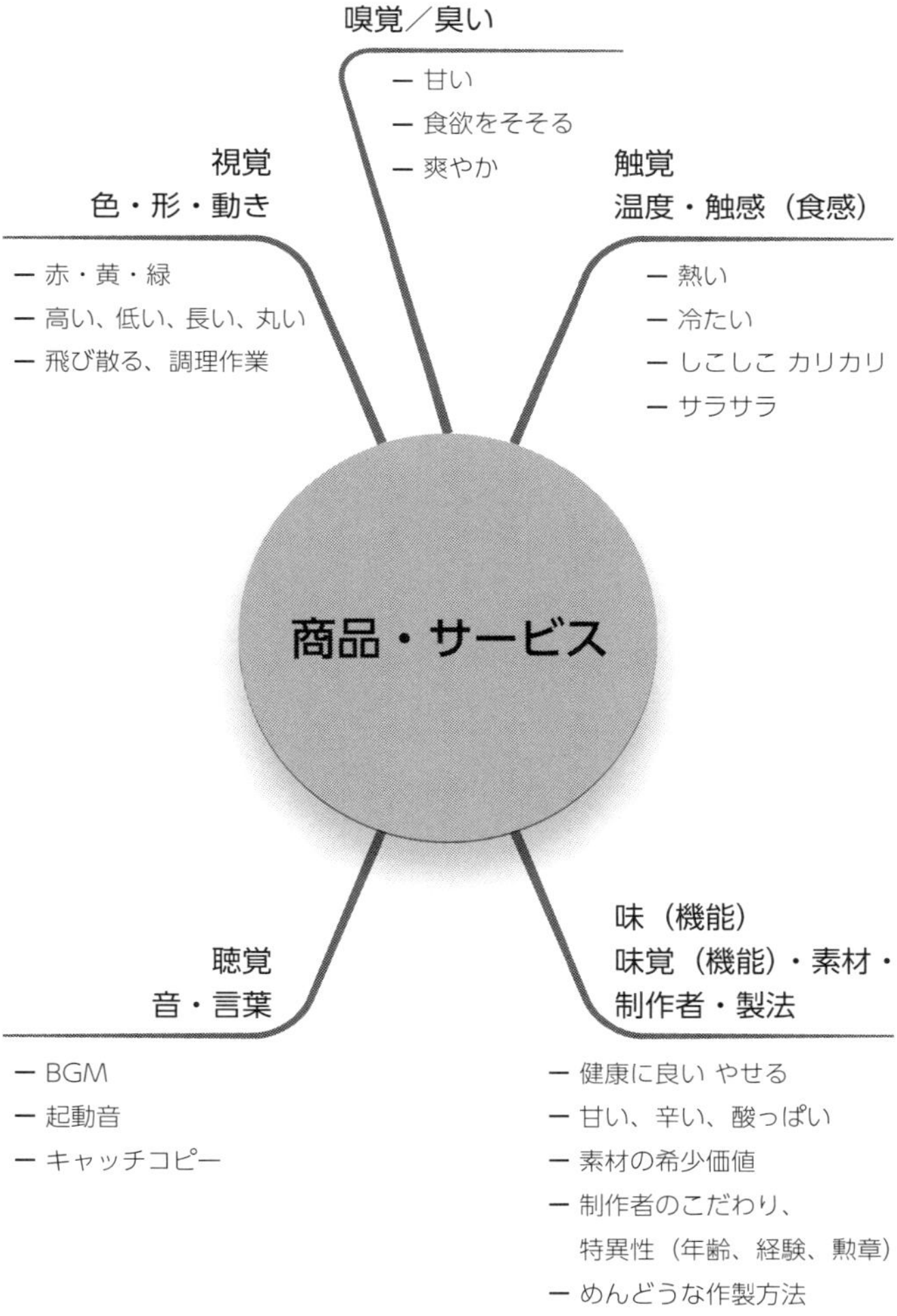

「ブレイン・コレクション」は創造的な商品を発明するために「考える道具」です。もれなく、**あらゆる方向に思考をおよぼし、サプライズを伴った世界観を作り出すことができる「発想ツール」**です。

私はほぼ、どんな業種でも、その作り方を知らなくても作ることができます。それは売れる商品開発をするための発想法を持っているからです。

私の開発した発想法「ブレイン・コレクション（頭脳集積法）」を使って、五感を使いながら各項目をチェックしてゆき、考えを膨らませてゆき、最終的に「真ん中の空白」の一番売りたいものを、創り上げてゆきます。

ブレイン・コレクションは新商品、売れる商品を開発する際に、まずはテーマを決め、前もってその商品の市場における価格ステージを設定します。あらかじめ、そのステージにはどんなニーズがあるかを探っておきます。

次に、すでに市場性のある基本商品をベースに、その商品を五感の技を使ってあらゆる可能性を探ります。

例えば、シェアの大きい「スタンダードな商品の色や形を変えたらどうなるだろうか？」と考えるのです。

・黒と決まっている男性用の雨傘の色を、12色全部とりそろえてみる。
・あるいは、丸いと決まっているというものを四角や三角に変えてみる。
・例えば、アンパンは通常丸いものですが、これを四角にしてみる。
・あるいは、丸いと決まっているスイカですが、真四角なスイカをつくってみる。

こういう発想です。

今までの常識の枠の外に出てみて、面白い商品を作るのです。

料理でいえば、味もいろいろ考えます。甘い、辛い、酸っぱい、苦い……など。

「匂いは？（嗅覚）」、タイムの香りや肉が香ばしく焼ける匂いがするのか？

「温度は？（触覚）」、「音は？（聴覚）」、と、

次々とたくさんの選択枝が生まれ、頭はアイデアで一杯になります。

こういった作業を行なった後、だいたい3つくらいの新商品の候補を挙げます。

その後、この3つを逆戻りさせて、もう一度考え直し、1つにまとめます。

■ブレイン・コレクションの例〈8種ベリーのスイーツ〉

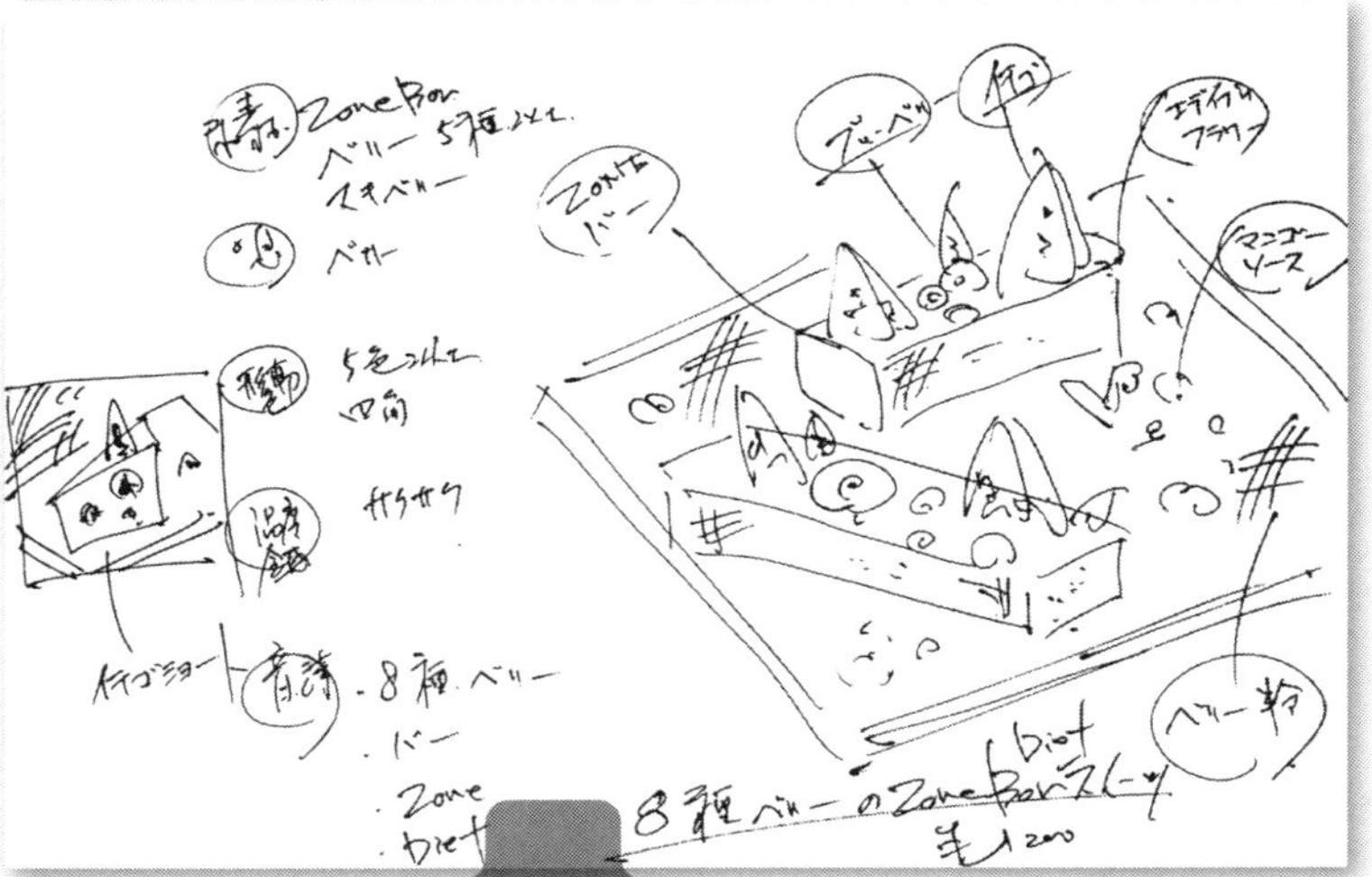

■ブレイン・コレクションの例〈おどろく刺身の盛り合わせ〉

ここでちょっと立ち止まってその商品が最初に決めたニーズを満たしているかを「中間チェック（点検・検証）」します。例えば「この商品は、自己成長というニーズを満たすものであるか？」等、検証してゆくのです。

要するに「新たな出会い、発見、気付きを満足させるものであるのかどうか」、それがあるかをチェックします。ダメならば、やり直しです。

次に商品が決まれば、それをもとに「ハート・トゥ・ハート・マーケティング」の7つのPを組み立てます。本章の最初でご説明した、ポリシー、ターゲット、商品、価格、チャネル、タイムスケジュール、プロモーションの7つの要素です。

こうして出来上がった商品ならば、必ず**ニーズを満たし、マーケティング構築ができたもの**になっているはずです。

こうした3つの大きな枝と無数の枝の樹形図を使って商品・サービスを考える思考プロセスが「ブレイン・コレクション」です。

おさらいしますと、

①商品価値に関しては、マズローの欲求5段階理論を参考にします。

5段階を詳しく分解すれば、11のニーズがあることが分かります。

11の欲求とは、そのまま11の幸福の要素です。

②新商品を作る為には、「五感発想法＝ブレイン・コレクション」を使います。

五感を含む10項目の内のいくつかを特化し、商品を意図的に魅力的に仕上げます。

③マーケティングとしては、ハート・トゥ・ハート・マーケティングの理論を用います。

これは7Pから成り立っています。

これら①、②、③の手法を総合的に使って「幸せに儲けるための販売フロー」を完成させてゆくのです。

■「自己投影の原則」：何事も１２０％一生懸命、笑顔で……

価値観のところで、「頑張る」と努力の違いについて話しましたが、嫌々やるのはマイナス面が多いものです。

「頑張る」というのは、自分の力を１２０％出し切って発揮するということで、これは実は、人間の一番やりたいことなのです。

人は、１２０％の力を出し切って、生き生きと夢中になっている人を見ると、心動かされ、共感するものです。

誰も、手を抜いた人には共感できないけれど、１２０％一生懸命やっている人には手を差し伸べたくなるものです。

私はマーケティングの授業で「一生懸命やることとの重要性」を教えています。

これまでの過程で、「ブレイン・コレクション」を使って商品開発をしました。

それでは、同じ商品だったら同じように売れるかといえば、全くそうではありません。

第6章

「幸せに儲かる法則」の実践：マーケティングと商品開発

「一生懸命」笑顔で、真心を込めてお客様に接する人だけが、商品をより多く売る事ができます。

従業員教育では、よく「お客様には笑顔で接しましょう」と教えますが、これは本当に大事なことです。一生懸命、接客していると共感が得られやすいのです。

何故なら、お客様の潜在意識が一生懸命働いている人に対して「好感」をもつからです。

笑顔での接客が重要なのは、従業員の笑顔に接すると、お客様の潜在意識もつられて笑顔になるからです。従業員さんが笑顔だと、つられてお客様も笑顔になります。

何故かと言えば、潜在意識は目の前にあることを、自分に起こったことだと捉えてしまうからです。

例えば、ホラー映画を見て怖いと感じたり、一生懸命やっているオリンピック選手を見て応援したくなったりするのは、少なからず、潜在意識は「自分の事だ」と思って見ているからです。

潜在意識は、目の前にあることを自分のことと感じるように出来ているのです。

ホラー映画も役者が演じているわけで、血が飛び散るようなシーンであっても、実際には偽物を使っていて、勿論、役者が死んだりするわけではありません。

顕在意識はそのことを理解していますが、潜在意識は目の前で起きることを、「自分の体験」のように感じるのです。だから、ホラー映画を見れば、恐怖感を感じるし、笑顔に接すれば、自分も笑顔になるのです。

顕在意識では、あの従業員さんは仕事でお金をもらっているから笑顔なんだということを分かっていても、潜在意識は相手が笑顔だと、つられて笑顔になる。相手が一生懸命だと、こちらの潜在意識も一生懸命に共感する。これが自己投影の原則です。

ですから、**人を喜ばせようと思ったら、先ずは自分が喜ぶこと**です。

こっちが笑顔だと相手の潜在意識も笑顔になって喜んでいるのです。

こっちが一生懸命だと、少なからず、「こちらも応えたい」とお客様の潜在意識は思うわけです。

ですから、笑顔で一生懸命に接客したら、お客様も喜んでくれるし、モノも売れるということになります。

お客様の潜在意識に一生懸命さが自己投影されるからこそ、お客様はまた購入してくれたり、来店してくれるのです。

■お金の儲け方、創り方の基本、総まとめ

私は、この「幸せ理論」に気付いてから、ビジネスコンサルタントとして、成功してきました。その成功の秘訣は、実は簡単なことです。

それは**「どういう人をお客さんにするかを予め決めておく」**ことです。

特に、コンサルティングという私の商品は、ポリシーに共感してくれる人に売らないと意味がありません。ですので、そのお客さんがどういう人なのかを決めておくのです。つまり**「最も付き合いやすいお客様は誰か」**という事を明確にしておきます。

これを先に決めると何がいいかというと、こちらがいいと確信したモノを、相手もいいと感じてくれるからです。

こちらがいいと信じたものを、相手もいいと思ってくれる。

いいと思う事、細かな事が一致するということが一番です。これも「ポリシーの共感」ということになります。

これも自分の価値観がしっかり定まっていて、ブランドが認識してもらっていれば、そのブランドに共感してくれるお客様を惹きつけることができます。

そしてその後に、お客様が「こんなのがあったらいいなぁ」というニーズを汲み取ってあげることです。これが先程の幸せのマーケティング５段階の「ニーズを探る」ということになります。ニーズはもう決まっているわけです。

お客様のニーズを探るときに一番大事なのは、５段階ニーズの最も上位にある「自己成長」「新たな発見、出会い、気付き」という要素です。

高いレベルの欲求を満足させる単価の高い商品を売るにこしたことはありません。しかし、それがいつも出来るわけではありません。

そこで、相手のニーズの段階に合った商品を作り、そのニーズの段階にあった単価を設定する必要があります。

「楽しいものが欲しい」というのであれば、「新たな気付きの発見」があるもののうち、楽しめるだけの価格帯の中で商品を開発するのです。

飲食店でいうと居酒屋やファミレスのようなところであれば、「家族や仲間と楽しめる」という第3段階の「愛情帰属欲求」を満足させるだけの商品を開発します。

「人にギフトであげたら喜ばれるなぁ」というものが望まれているのであれば、第4段階の承認・尊重欲求ですから、もう少し高い価格帯が設定できます。

その商品の中身は、ブレイン・コレクションを使って、他と差別化する形で、提供します。それで**「マーケティング」というレールに乗せ、「ブランディング」を完成させます。**

これでお金は自然に入ってくるようになります。

そして引き続き、お付き合いが継続できるように、**「広告媒体（メディア）」を創って、**

次から次へと、そういった商品を訴えかけます。

「一連の流れを継続する事」これがお金儲けの基本中の基本です。

私の全てのクライアントさんには、これをやってもらっています。

第6章

「幸せに儲かる法則」の実践：マーケティングと商品開発

エピローグ

この本では、プロローグと全6章にわたって、「幸せに儲ける成功法則」について解説してきました。

成功法則とは、つまり「幸せになる」法則でもあります。

読者の皆様には納得していただけたでしょうか？

全7段階の内、はじめの4段階については、ちゃんと文章を読んで頂ければ、比較的、分かりやすかったのではないかと思います。

1．使命（ミッション）設定
2．目標（ゴール）設定
3．価値観（ベイシック）の完成
4．メッセージの完成

の4つです。

ところが、人生成功の7つの鍵の後半、即ち

5. ブランディング

6. マーケティング

7. 商品開発

については、理解しにくい方もいらっしゃるかもしれません。

それは、人それぞれにブランディングの内容も、マーケティングの内容も、商品開発の内容も著しく異なってくるからです。

5，6，7の実践段階では、具体的にそれぞれの個人や企業に特化して説明しないと、恐らく分かりにくいのだと思います。

特に最初は、具体例がないと分かりにくいのですね。

もっと具体的に勉強したいという方は、是非、私の主催するセミナーにご参加いただきたいと思います。セミナーに参加していただければ、初めの4段階に関しても、書物から得られる以上の実感的な理解ができるものと思います。

セミナーでは、ワークシートに上書きするなどして、具体的にミッション・ゴール・価値観・メッセージのつくり方を指導させていただきます。

更に、潜在意識のキャラクター、自分の中にどんな潜在意識のキャラクターが潜んでいるのかについても、具体的な発見をすることができるように相談に応じています。

松本和彦の**セミナーについては、1menu.jpをごらん下さい。**

http://www.1menu.jp/

そろそろエンディングになって来ました。

私がこの本を通して、言いたかったことをまとめましょう！

1つ目は、幸せはほぼ全員に共通した定義があるということ。
2つ目は、幸せには作り方があるということ。
3つ目は、幸せは自分自身で作れるということ。

たったこれだけです。

でもこれって、大発見だと思いませんか？

今まで具体的に、誰でもが簡単にできる「幸せのつくり方＝幸せレシピ」が公開されてきませんでした。分かりやすく、1冊にまとめたものが存在しませんでした。

そして、**「知らぬがゆえの不幸な人」**を**少しでも多くお助けした**

かった。

これまでお伝えしてきたことの全ては、そんなシンプルな思いから生まれたものです。

それこそが、私のこの世に生まれてきた理由、ミッションだからです。

私はこの「幸せレシピ」を13年間実践してきました。毎日、いや毎秒、幸せ感一杯で、一度も不幸を感じたことはありません。何も不安を感じたこともありません。

あなたも「幸せのレシピ」を実践すれば、必ず幸せになります。

さあ、一緒に遊びながら幸せに儲けましょう!

最後に、この本を出版するにあたって、大変多くの方々にお世話になりました。まとまりのない私の言葉を、分かりやすい構成にアレンジしてくださったケンブリッジ・フォーキャスト・グループの石蔵仁恵様、私の潜在意識キャラクターのイメージを伝え、それを具体化してくださったイラストレーターの山田サトシ様。最初に「大人の絵本が出したい、それも自己啓発本で」という、かつて出版界では考えられない非常識な企画本をお引き受けくださいましたハート出版の日高裕明社長、実現にあたり、様々な調整を頂きました編集部の西山世司彦様、装丁デザイナーの西山耕一様には大感謝して、筆を置かせていただきます。

どうか、多くの方が幸せになりますように！

2016年8月吉日　松本和彦

松本和彦

経営コンサルタント
株式会社プリムス　代表取締役

1962年、広島県尾道市出身。関西学院大学法学部卒業。
1986年、父の経営する松本数三司法書士事務所勤務、経営コンサルティングに必要な法務関係の基礎を学ぶ。
1955年、オーナーシェフとしてイタリア魚介料理店「タヴェルナヴェルデ」を広島県福山市に開業。半年で行列のできる繁盛店に。
1998年、飲食店経営の実績を評価され、日本トップクラスのフードコンサルティング企業である、㈱OMGコンサルティングからヘッドハンティングされ入社。90件以上のオープンやメニュー変更を担当。日本でも数少ない料理のできるコンサルタントとして活躍。

2004年、「遊びながら幸せに儲ける」をメッセージに、独自の「ハート・トゥ・ハート・マーケティング」を提唱、フードコンサルティング会社「有限会社プリムス」を開業。数多くのイタリアンレストランやダイニング系居酒屋、焼肉店、ラーメン店等の経営指導に当たる。

2005年より、松本和彦オリジナルブランド食材を開発し、現在、全国規模の飲食チェーンに継続的に納入。

2007年より、経営コンサルタントの傍ら、名門料理学校である服部栄養専門学校、東京モード学園、産業能率大学、国際フード製菓専門学校、東京すしアカデミー、山野美容芸術短期大学等の非常勤講師、一般財団法人ブランド・マネージャー認定協会トレーナー、フードアナリスト協会学術委員を務める。

2009年、日本フードアナリスト協会学術委員として1級教科書（商品開発、セールスプロモーション）を執筆。

2010年から大田区いちおしグルメ審査委員長を務める。

2013年から東京大学医学部学生に向けて、マーケティングを講義、医療分野でのマーケティング思考の浸透を目指す。

2015年、Yahoo!ファイナンスで「日本のトップ・ビジネス・コンサルタント」と評され、海外でも広く配信される。（東大白熱講義や服部栄養専門学校等7校での講師実績や地方公共団体でのコンサルティング活動が海外で「日本のトップコンサルタント」と評価される。）

2016年、フェイスブックページ「松本和彦のメニューライブラリ」

は87万の「いいね！」を集め、芸能人カテゴリで16位にランクされる。
現在、国内外でのコンサル活動、講師職に就きながら、健康法においてはアメリカ№1ダイエット、ドクターシアーズＺＯＮＥダイエットの第一人者として資格認定事業に参画。「遊びながら幸せに儲ける」コミュニティ「ハッピーサクセスクラブ」を主宰。

【著書】

『飲食店「メニューと集客」の黄金ルール：あなたのお店を繁盛店に変える！』（日本実業出版社、２００７年）
『ドンと来い！大恐慌』（藤井厳喜氏との共著、ジョルダンブックス、２００９年）
『メニュー作りに失敗する14の落とし穴』
『ハートトゥハートマーケティングを使った飲食店開業の教科書』

http//www.1menu.jp/
http://www.facebook.com/matsumotokazuhiko
Eメール　kmatsumoto@k3.dion.ne.jp

松本和彦の経営コンサルティングに関しては、株式会社プリムスのホームページをご覧ください。
株式会社プリムス：http://www.bmp.1menu.jp/

● イラストレーター　山田サトシ
1980年、滋賀県出身。画風は重厚な黒を主に用いる手法でキレのあるモノトーンデザインや重厚な厚塗りなどを得意とする。
http://satoshiart.html.xdomain.jp/index.html

◉ 編集＆プロデュース　石蔵仁恵
◉ 装丁／DTP　西山耕一、坂本利幸、八木孝宣（YUMEX）

99％の人が知らない　遊びながら幸せに儲ける新常識
夢を斬れ！　希望は捨てろ！
だから“目標”は実現できる！

平成28年9月10日　第1刷発行

著　者　松本和彦
発行者　日高裕明
発　行　株式会社ハート出版
〒171-0014 東京都豊島区池袋3-9-23
TEL.03(3590)6077　FAX.03(3590)6078
ハート出版ホームページ　http://www.810.co.jp

定価はカバーに表示してあります。

ISBN 978-4-8024-0024-4　C0011　乱丁・落丁本はお取り替えいたします。

印刷・中央精版印刷株式会社

生きるのが楽になる魂レベルのお話

桜花

たま出版

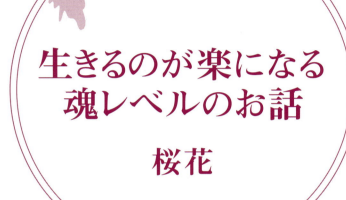

はじめに

私は現在、スピリチュアルカウンセラーとして福岡県の北九州市でサロン「天樹《てんじゅ》の雫《しずく》」を開いています。

このサロンをスタートさせてすでに7年になりますが、おかげさまで、特に宣伝しないにもかかわらず、口コミで多くの方が訪れています。

なぜこの道に入ったのか、思い起こせば、10歳のころ、母方の叔父が骨董品を扱っていて、わが家にもよく掛け軸を持ってきていました。

ある日のこと、叔父は、お寺のお坊さんが手放したというボロボロの掛け軸を三軸《さんじく》持ってきました。一軸は虫が食っていて修復不能でしたが、残りの二軸の表装（布・紙などで縁どりや裏打ちをして、掛軸・額に仕立てること）を業者の方に頼みました。

すると、そのご主人から「般若寺宝物とあるから、これはすごいものですよ」との連絡がありました。

調べたところ、大きな紙がなかった平安時代に、小さな紙をはりあわせてつないで仕上げられており、描かれていたのは十二天のうちの火天《かてん》と地天《じてん》でした。

ちなみに、十二天とは、八方を護る八方天（帝釈天《たいしゃくてん》・火天・焔摩天《えんまてん》・羅刹天《らせつてん》・水天《すいてん》・風天《ふうてん》・毘沙門天《びしゃもんてん》・伊舎那天《いざなてん》）に、天地日月《てんちじつげつ》の梵天《ぼんてん》・地天・日天《にってん》・月天《がってん》という四天を加えた神様です。

表装を終えて大事に掛け軸をタンスになおしていました。まもなく、私は原因不明の熱が続きました。そこで、母が拝み屋さんを呼んできました。

その拝み屋さんは、私たちがなにも言わないうちから、タンスを指さして「ここになにかしまいこんでいないかね」と言います。そして、なかから二軸をとり出して言いました。

「わぁぁ〜ビリビリする！　神様が入っているから、ちゃんとお掛けしていないとダメですよ！」

それ以来、二軸の掛け軸は実家の仏間にご安置するようになり、原因不明の熱は下がりました。

19歳になると、私は占いの本を参考にして姓名判断に熱中しました。よく当たっていたので、いろんな人を見てあげていました。

その後、22歳で結婚。姓名判断の相性がいいので決断したのですが、私には姓名判断はぜんぜん当たっていませんでした。お付き合いしたときはとてもやさしくていい人でしたが、結婚したとたんに豹変してしまいました。

「お前はバカだ」と言われたり、生活費を入れてくれなかったりで、これまで学校で学んだこと、生きてきた経験すべてが否定され、とても荒《すさ》んだ気持ちになりました。

子供が生まれて4カ月目になると、夫に恋人まで出来て、「お前と結婚したのはまちがいだった。お金も子供もやらんけ、出ていってくれ」と言われてしまいました。

このとき、私は絶望的になり、エドガー・ケイシーの『転生の秘密』を読んで、前世に犯した罪の刈り取り（カルマの法則）に興味を持ち、ある宗教に入信したりしましたが、「なぜうまくいかなかったのだろう?」という疑問に対してすぐには納得のいく答えは見つかりませんでした。

そのころから霊眼が開けて、人の過去世が見えるようになったり、見えない世界が見えたりするようになったのです。

離婚後、まもなくして二人目の夫と結婚しました。

この人は会社を経営していたので、私も一生懸命働き、1級土木施工管理技士、1級建築施工管理技士、2級経理事務士の資格を取りました。そのあいだに、会社も大きくなっていきました。

私は仕事のかたわら、易学、九星気学を学びました。さらに、友人の影響もあって、前世療法士、ダウジング初級、中級、上級、波動整体の資格を取るなど、スピリチュアルの分野にも傾倒していきました。

そして、10年ほど前になります。

二軸の掛け軸は、あれ以来、実家の仏間にご安置したままでしたが、そのころには父も母も歳をとってきており、神様が入っているような大切な掛け軸をこれ以上責任もってお祀りすることに不安を感じていました。

そこで、神様の言葉がわかる人を呼んで聞いてみました。すると、火天様は「わしはどこでもよい」、地天様は「世に出て、人救いがしたい、私（桜花）か、いずれは娘に見てほしい」とのことでした。

しかし、私も会社の仕事が忙しく、ご安置する場所もないので、太宰府の近くにある般若寺を探してお返しにあがったのです。その帰り、なんとなく後ろ髪を引かれる思いのまま、車のハンドルをにぎりました。

土塀がすぐ近くにある坂道発進だったので、私は思いきりアクセルを吹かせて発進したところ、ありえないことに車は逆発進。車は土塀の壁をなぎ倒してしまいました。

そのとき、私には地天様の「置いていくな」ということだったのですが、「ごめんなさい」と手を合わせて帰るしかありませんでした。

それからしばらくして、夫の会社は倒産してしまいました。遊んでいてもしかたがないので、そこで初めて「天樹の雫」１号店をオープンしました。

そして、忘れもしない平成22年２月17日。

この日から、それまでとはまったくちがう私の人生がはじまることになります。

その日、謄本をとりよせる必要があり、なにげなく見ると、項目が増えているのに気がつきました。よく見れば、それは私の知らないうちに主人が認知した女性と子供の名前だったのです。

主人を問いつめても、彼は「知らん、知らん」と言って逃げるばかりで、謄本の場所へ行ってみると、なんと、立派な家を買い与え、私には友達と会っているとウソをついて毎日通っていたことがわかりました。

その二日後、私の父が突然、亡くなりました。

藤田まことが亡くなった翌日で、病名もまったく同じで、あっけなく他界したのでした。主人とのことは四十九日が済むまでがまんしようと決めましたが、向こうからはなんの話し合いもなく、あいかわらず毎日のように女性宅に入り浸っていたのです。

4月29日になって、私は子供と二人で小倉に出て来ました。これから先、どうなるのかまったくわからない状態でしたが、ここに来て、般若寺の地天様をお迎えに行き、ご安置させていただき2号店のオープンでした。

地天様をお祀りして、まず髪の毛が濃くなり、次はくちびるが赤くなってだんだんと色がはっきりと出るようになり、前のお姿とは比べようもない程、日々美しく柄も出て来て、まるで新画のようになって、お働きになっているのを感じます。

ダウジングの項目に、「意識（魂）レベル」というものがあります。意識レベルとは「人が輪廻転生をどのくらい繰り返して成長しているのか」を知る数値で、1～1000まであります。

私が自分の意識レベルを調べてみると、当初1200でしたが、前世療法をすると少しずつ上がっていくので、現在は1900あります。そして、かつての私の二人の夫を調べてみると、ともに150。150とは、動物から人間に生まれ変わったばかりの人間という状態です。

ここで初めて、「この意識レベルのちがいこそ、話が通じなかった、わかり合えなかった原因だったのだ」と、30年間悩み続けた答えが出たのです。

それからのカウンセリングは、クライアントの悩みの原因となる150の人を探すことが中心になりました。意識レベル150の相手に悩んでいるクライアントの数はとても多く、これが全国規模となれば、同じ悩みの人は相当数いらっしゃるだろうと思います。

私の場合は、意識レベル150の人に2回も嫁いでつらい目に遭いました。もし、1度目の30年前に傷ついたとき、いまの自分のような人に会えていたら救われていたことでしょう。私はそのとき、納得のいく答えが欲しくてたまらなかったのです。

「うまくいかないのは旦那さんが150の人だからです」

そのとき、そう教えてもらえていたら、すんなり納得できたでしょう。ですから、このことを少しでも多くの人に伝えたい、かつての私のような人を救いたい、という思いから、本書を出すことに決めました。

もちろん、150の人だからダメ、と言うつもりはありません。150の人というのは、生まれ変わりの回数が少なくて経験が少ないために、数値が上の人の考えや思いがなかなか伝わらない、感性を理解できない、という人たちです。おまけに、霊障も受けやすいので、そのためにパワーが落ちている場合も多々ありますから、それらを解消すれば、とてもピュアで愛すべき存在なのです。

そのような150の人たちと、どうつき合えばいいのか。対処法がわかれば、必ず状況は改善できます。

本書は、私がこれまで多くのセッションを通して体験した実例をもとに書いています。かつての私のような悩みを持つ多くの方が、一人でも苦しみから解放されれば、私にとってこれ以上の喜びはありません。

◎もくじ

第二章　意識レベルのちがいで起こるトラブルへの対応策

【正神界VS正神界の場合】

第三章　セッションの事例集

第四章　明るく楽しく幸せになろう

第一章

桜花流・カウンセリング前世療法とはなにか

ダウジングで意識（魂）レベルを検索して問題と解決法を探る

最初に、私がサロンでクライアントからどのように相談を受けて、どのように問題を探り出し、どのようにセッションをおこなうのかについて述べたいと思います。

通常、セッションはダウジングによる一般相談から入ります。相手と会話しながら、ペンデュラムを使って複数の質問項目をチェックします。そのなかで、クライアントのどこに問題があるのか、解決方法はどうするべきか、などを探っていきます。

問題を抱えている人の多くは、本来人間が持っている生体エネルギーのパワーが下がっています。

次に意識レベルを見ます。前にも少しふれましたが、意識レベルとは「動物から輪廻転生して人間になったのち、どの程度進んでいるのかを見る数値」であり、最大値は１０００です。相談に来られる方はだいたい７００くらいで、悩みの原因となっている相手の人が１５０というケースが多くみられます。

低い意識レベルの人ほど霊障を受けやすく、さまざまな問題を引き起こします。たとえば、奥さんがご主人の暴力（ＤＶ）に悩んでいる場合、ご主人の意識レベルはたいてい１５０と低い数値です。しかも、霊障を持つケースが多く、こうした事例では、神様にお願いしてご主人とその家に憑《つ》いている霊障と霊界に行けていない４家筋（祖父母）のお祓《はら》いをして、取り除いてもらいます。心配症やうつの人は太腹や積極的に寂しい人はポジティブにします。

これによって、低下していた奥さんとご主人の生体エネルギーのパワーは両方とも１００％にまで回復します。残念ながら、意識レベルの数値は現世では上がりません。とはいえ、ご主人の霊障がなくなり、パワーが回復しているので、行動にあきらかな変化が現れます。

また、セッションを受けたことで、奥さんの心にも「夫の数値は低いのだから、あまり怒らないようにしよう」という余裕が生まれます。その余裕が結果的に家庭の雰囲気を良くしていき、関係もどんどん改善されていきます。もちろん、運気も上がっていきます。

大脳コントローラーを取り除く

人間の脳には「大脳コントローラー」という物質が入っている場合があります。一見、突拍子もない話のようですが、ほんとうです。私は、ダウジングのお勉強の中でその存在を知らされました。

そして、大脳コントローラーを入れるのは、どうやら宇宙人だということでした。はじめは、私自身も、とてもそれが真実とは思えませんでした。しかし、ダウジングで検索してみると、入っている方がけっこういるのです。

あるとき、透視できる能力を持つ方に確認してもらうと、それは2センチメートルくらいの四角いチップのようなものだということでした。

その物質があると、とても頭が痛くなります。後頭部にキンキンとするような痛みを抱えている人の場合、この大脳コントローラーが頭部に入っていることが多く、頭痛薬もなかなか効きません。

痛み止めを飲んでもぜんぜん効かず、病院をいくつもまわって、検査費用が20万円を超えてしまったというのに、いっこうに治らないという人もいました。また、痛みはないものの、頭におできのようなものが6個出来て、それをさわるとすごく痛いという人もいました。

実際、私自身も、過去に何回か入れられていました。

1度はディズニーランドに行った翌日でした。頭がキンキンと痛くて血管が切れそうな感じがするので、検索したところ、入っていました。

ダウジングは、このような大脳コントローラーの有無を確認するのに、とても効果的です。有無を確認できたら、高次元の存在にお願いして、呪文を使って取り払います。激痛はウソのようにとれます。

ですから、頭痛で悩んでおられる方は、1度は大脳コントローラーを疑ってみることも必要かもしれません。

幽体離脱をもとにもどす

サロンに来られるクライアントの9割の方が、幽体離脱している状態になっています。

どういうことかというと、精神的ショックから幽体が上に飛んでいるのです。ショックの種類や質は、個人によってちがうのですが、夢が破れたとき、好きな人と別れたとき、きらいな学校に自分を殺していかなければならないとき、この家にいたくないもう耐えられないと思ったときなど、その瞬間に飛んでいきます。

つらいとき、人間は自分の意識を半分飛ばして、受けるダメージを半分にして生きようとします。その結果、心が不安定になり、どうしたらいいのかわからなくなってしまいます。見るからに、心ここにあらずの状態です。

ご本人の自覚症状としては、ほんとうの自分自身ではない感覚、宙に浮いているような感覚のなかにいるのですが、違和感があっても自分ではもどし方がわからないので、そのままでいるしかないわけです。

特徴や体調としては、声が出にくいので人から何度も聞き返されることが多い、足元がフラフラする、体温が低い、冷え性、という症状として現れます。性格的にも、つらい、苦しい、悲しい、といったネガティブな感情が強く、うれしい、楽しいという感情が消えてしまっています。

また、自分の右側（もしくは左側）に人が立つと落ち着かなくなり、「反対側に来て」と頼む人がいますが、私の経験上、そのような人はたいてい肉体と幽体がずれてしまっています。

幽体離脱やズレの原因には、精神的ショックだけでなく、物理的ショックからきている場合もあります。車に衝突した衝撃でずれてしまった人もいれば、バイクでブレーキをかけるたびに少しずつずれてしまった人もいます。

8メートルも前方に幽体離脱していた人がいましたが、この人は前に車が割り込んでくるとすごくイライラするそうです。そのほか、ジェットコースターやフリーフォールなど、絶叫系の乗り物でずれることもあるので要注意です。

幽体離脱をもとにもどすと、その瞬間、体に力が入り、声が出るようになります。

また、視界も性格も明るくなります。血流がよくなり、体温が高くなるので、不妊治療をしていた人に子宝が授かることもあります。

クライアントの過去世に入る前世療法

私は、ダウジングによる一般相談から一歩先に進んだセッションとして、前世療法もおこなっています。

これは、前世の魂の傷、つまり、前世で抱えた悲しみや恨みを癒やすセッションです。

まず、私がクライアントを潜在意識の奥深くにまで誘導し、自身の前世を見てもらいます。年齢やそこでの状況など、ご本人に質問をして、ご本人の一生をたどっていくうちに、悩みや問題の原因がわかってきます。

イタリアの細い路地で入り口がわからない人には、立っている後ろにあることを教えてあげたり、景色が見えているのになぜかしゃべれないという人は、小さい頃に両親が目の前で殺されたショックで声が出ないことを補足してあげます。

暗い人生の時は、背景も暗く見えにくいです。これはクライアント本人に、いやな記憶を見たくない言いたくないという心理がはたらいているためです。

見えている人は、そのまま続けますが、止まったり、年数がすごく飛んだりするときは、代わりに入って見てあげます。そこに答えがあることが多いです。

一緒に入りますから、ご本人が見えないときでもちょっとしたアドバイスを与えたり、見えるようになるまで代わりに見て途中からバトンタッチします。

こうして前世をたどりながら、そこで生じた問題や悩みの理由を知ってもらいます。

また、前世療法の一環として、クライアントにとって現世で気になっている人の中に本人が入って、その人がどう思っているのか、感じとることもおこなっています。

たとえば、２回離婚経験があり、その夫が二人とも意識レベル１５０だった女性がいました。

一人目の夫は、子供が生まれると子供にやきもちを焼き、それを女性が怒ると、それっきり帰ってこなかったそうです。

彼女はそのとき、自分が至らなかったのでは、と心配していたのですが、一人目の夫の中にクライアント自身が入ってみると、彼の本性が、とても子供っぽく恨みがましいもので、ぞっとするほどいやな人物だということがわかりました。

二人目の夫は、ストーカーみたいに「いっしょになってくれ」と懇願してきたにもかかわらず、いざ結婚すると、お腹に子供がいるのに暴力をふるい、蹴ってお腹の子を殺してしまったそうです。

それが原因で離婚したのですが、このときも彼女は「私がもっと努力していたら、うまくいっていたのでは……」と思っていたのです。そこでさっそく、彼女に彼の中に入って見てもらいました。その結果、いかに薄っぺらの人物なのかが、よくわかりました。ちなみに、この男性は、このセッションのすぐあと詐欺行為をして別件で告訴されています。

このように、必要に応じてまわりの人の本性を確認することもあります。

過去世全体を浄化する圧倒的なパワーによる変化

前世療法では、最後にその人の過去世すべてに光を当てて浄化していきます。

その人の前世の世界全体を浄化していく過程で、クライアントにとって重要な登場人物以外にも、成仏していない魂がたくさん出現してきます。

たとえば、そのときクライアントが食べた料理をたまたまつくっていた人、クライアントが覚えてもいない、すれちがっただけの人までが、上げてもらおう（成仏させてもらおう）と映像のなかに現れます。

ふつう、一人を成仏させるだけでも、たいへんなエネルギーが必要です。

でも、私は大宇宙4眷神《けんしん》（神龍・麒麟・鳳凰・玄武）だけでなく、336眷神と合体していますから、各次元の神様にお願いすることができます。

ダウジングの中で4眷神と合体しますが、すべての合体を完了したときカミナリが鳴り、龍神の声が、ケーンが聞こえました。

最高40次元の天之御中主神《あめのみなかぬしのかみ》（たとえば天照大御神は9次元）までお願いし、大宇宙4眷神に働いてもらって、プレアデスの呪文で浄化していきます。地球レベルではなく宇宙レベルなので、たとえ無限大の不成仏霊であっても、国籍がちがっても、すべて浄化できます。

このときのあげる力（成仏させるエネルギー）がとても強力なので、クライアントのトラウマが取れて変わっていくのでしょう。

前世療法のあとで5年後の未来を見る

私の前世療法で特長的なのは、最後に「5年後の自分を見て終わる」というオマケがついていることです。

前世療法が終わったあと、亡くなった方で会いたい人がいれば会ってお話ししてもらい、そのあと、守護霊様とお話ししてもらいます。うまく交信できない人は私がお聞きすることもありますが、たいがい普通に話せています。

最後にその方にピッタリなプレゼントを守護霊様からもらいます。如意宝珠だったり、愛の心だったり本当に思わずナイスですと言いたくなるものばかりで、中には、札束をドサッとくれる守護霊もいます。あくまで映像なのでお金に困らないと解釈します。

私は当初、どのカウンセラーもおこなっているふつうの療法だと思っていたのですが、あとで聞いたところによると、未来にまでクライアントを連れて行くという前世療法は珍しいようです。

これは、おそらく私が時間と空間をコントロールできるからなのでしょう。前世療法で過去世の映像を本人と共有して見ることができるのも、時間と空間をコントロールできれば未来の映像を本人と共有して見ることもできるのです。

くわしくは第三章で述べますが、なかには、5年後の未来の映像で「自分がファーストクラスの飛行機の中にいる」姿を見た人もいます。

また、次のような変わった例もあります。

ふつうは前世療法が終わったあとで5年後の未来を見るのですが、そのクライアント（男性）は、もう一つトンネルを抜けて別の前世に入り、さらに未来へと進んで西暦3545年の世界へ入っていきました。

私もその映像を彼と共有したのですが、そこには、50年くらい前、子供のときに観た、アニメ「鉄腕アトム」や海外ＳＦドラマ「宇宙家族ロビンソン」に出てきたようなシーンがありました。

たとえば、ボタンを押してメニューを選ぶと、お料理が出てくる便利な箱（いまの電子レンジに近いですね）がありました。

散歩では、犬といっしょにベルトローラーの上を歩いていました。このセッションをおこなったのは数年前なのですが、最近では、すでに犬専用のお散歩マシーンも開発されたそうですし、未来ではそのような散歩が主流になるのかもしれません。

また、お手伝いさんとして家にいたのはロボットでした。外ではリニアモーターカーの線路のような道路が都市同士を結び、たまご形の空飛ぶ車が移動していました。人も自由に空を飛んでいました。いまでも箱型の機械を背負えば空を飛べますが、飛

びかたがずっとスマートでした。

彼はバイク（いまのものとはずいぶんちがった形）に彼女と二人で乗り、海に出かけていき、きれいな沈む夕日を二人で眺めていました。

私としては、西暦３５４５年になっても地球が滅亡せずに残っていたので安心しました。

いずれ、ほんとうにあのようになるのでしょう。ＳＦ映画でよく観る光景ですが、もしかしたら、ＳＦ映画の製作者たちは未来都市を見てきた人たちなのかもしれません。

ヒーリングによる施術

前世療法は、問題の根本原因の解消に役立ちますが、ひとまず心身の不調の改善を希望されるクライアントには、低い波動を浄化して自己治癒力を高める波動整体や、エネルギーによるチャクラの調整などをおこないます。

うつやヘルニアなどのつらい症状のせいで仕事をやめ、家からも出られなかった人が、セッション後、仕事をはじめるまでに回復した例も少なくありません。

先日、腫瘍マーカーの数値が4・9の男性のクライアントがサロンを訪れました。病院で生体検査を受ける予定になっていたのですが、私のヒーリング1回目で3・5まで下がったので、生体検査を受けずに延ばしてもらいました。

ヒーリング2回目のあとに1・5まで下がり、病院の先生から「いったいなにをしたのですか？　2も下がるなんて考えられない。この次上がっていなかったら、もう来なくていいですよ」と言われ、3回目では1・03となり、生体検査を受けなくてよくなったそうです。

ほかにも、心の移動法というものもおこなっています。

これは、クライアントの心を変える療法です。

うつで気弱な性格を太っ腹にしたり、マイナス思考をプラス思考にしたり、攻撃性の強い人を、人から攻撃されても怒らない人柄に変えられます。

特に、うつの人は目がうつろでマイナス思考というパターンが多いのですが、心を移したとたんに視界が広がり、プラス思考に変わります。

そのほか、チャクラバランスを整えたり、マイナスを祓ったり患部に直接パワーを入れたり浄化したりします。

意識レベルが150の人の特徴

哺乳類は四足動物から人間になり、輪廻転生をくりかえしながら人間としての経験を積んでいきます。

その経験の度合いを数値化したものが意識レベルで、1～1000に分類されています。マックスの1000になると守護霊になります。徳の高い人では700以上の人でも神様にお願いして守護霊になる場合もあります。

守護霊になるために人間としての経験値を積んでいくと考えれば、どんな苦労も苦労ではないと思われますが、みなさまはどう思われるでしょうか。

ちなみに、本人が「神の存在を認められるレベル」が４００ですから、１５０では神を信じられないわけであり、かなり低い数値と言わざるをえません。１５０以下の人は日本には少なく、数値がはるかに低い人はちがう国に生まれて、食べるだけの生活、人間扱いされないような生活を経験させられるようです。


というわけで、本書では日本に多い７００と１５０を中心に解説していきます。


さて、数値が同じ１５０であっても、性格はさまざまです。

これは、人間に生まれる前の動物の種類によって性格がかなりちがうためです。１５０には犬、タヌキだった人が多数見られますが、この種類には善良な人が多いようです。魂が若いというだけで、「神様につながっていれば素直でいい人」です。しかし、狐はＤＶをする人が多く、蛇の人は執念深い傾向が見られます。

よくクライアントの方が、私のところに来る前に、紹介者に冗談で「１５０のタヌキと言われたら、ショックで会社を休みそうです」と言いますが、大概ちがうケースが多く、たいていそのような人は700です。

150でも頭のいい人はたくさんいます。

お医者さんもいらっしゃいますが、残念ながらキャパ（人格の幅）がない感じがします。たとえば、インフォームドコンセント〈対面でお話をして患者さんと向き合うこと〉がとても苦手で、パソコンから数値だけを読みとって処方箋を出すだけのようなお医者さん。患者さんと1度も目を合わせないお医者さん。そのような人たちです。

変わったところでは、前世がカワウソという病院の先生がいました。

奥様が来られて悩みをうかがうと、「靴下とか下着が濡れているものを好むので、気持ち悪くてとてもいっしょにいられない」とのことでした。ご主人には家族を大切にしたいという思いはあり、やさしい人でもあるのですが、そんな性癖が生理的に受けつけられないのだとか（残念ながら150を上げることはできないので、同じマンションの下に住み、行ったり来たりして、ご主人とは顔を合わせないようにしています）。

また、精神科の看護師をしているクライアントからは、こんなお話を聞きました。子供の患者さんが、ベッドに生《なま》のお魚を持って入るというのです。臭くてたまらないので、最初はビニールに包んでもらうようにして、その後、だんだんぬいぐるみに換えていって慣らしたそうです。

意識レベルが２００～６００までは、生きるのが精いっぱいという人が多いようです。あまりスピリチュアルにも興味がなく、生活に問題があっても、ほとんどがクライアント本人として訪ねてくることはありません。

では、実際にあなたご自身は、いったいどの魂レベルにあるのか。次頁にチャート図で示してありますので、ご自分で確かめてみてください。

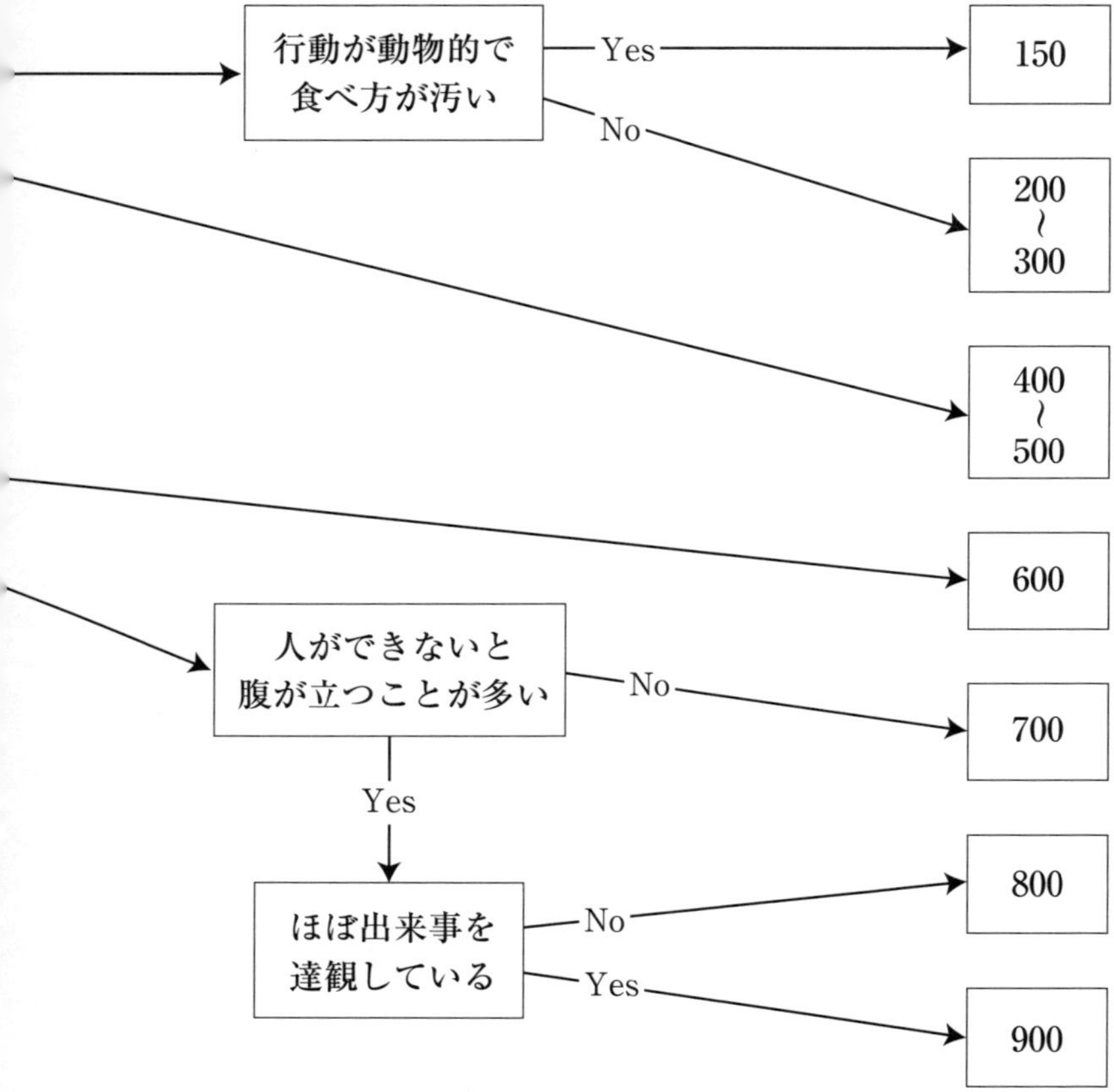

600	700	800	900
一生懸命するが人のことが理解できない	スピリチュアルなことに目覚め、物事にこだわる	自分的にはほぼ理解 人に対して文句が多い	ほぼ達観 ここで苦労をしている人は前世でカルマを残した人なのでひどい苦労をしている
悪知恵が働く	人にうまく取り入り悪を働く知能犯	知能犯	知能犯

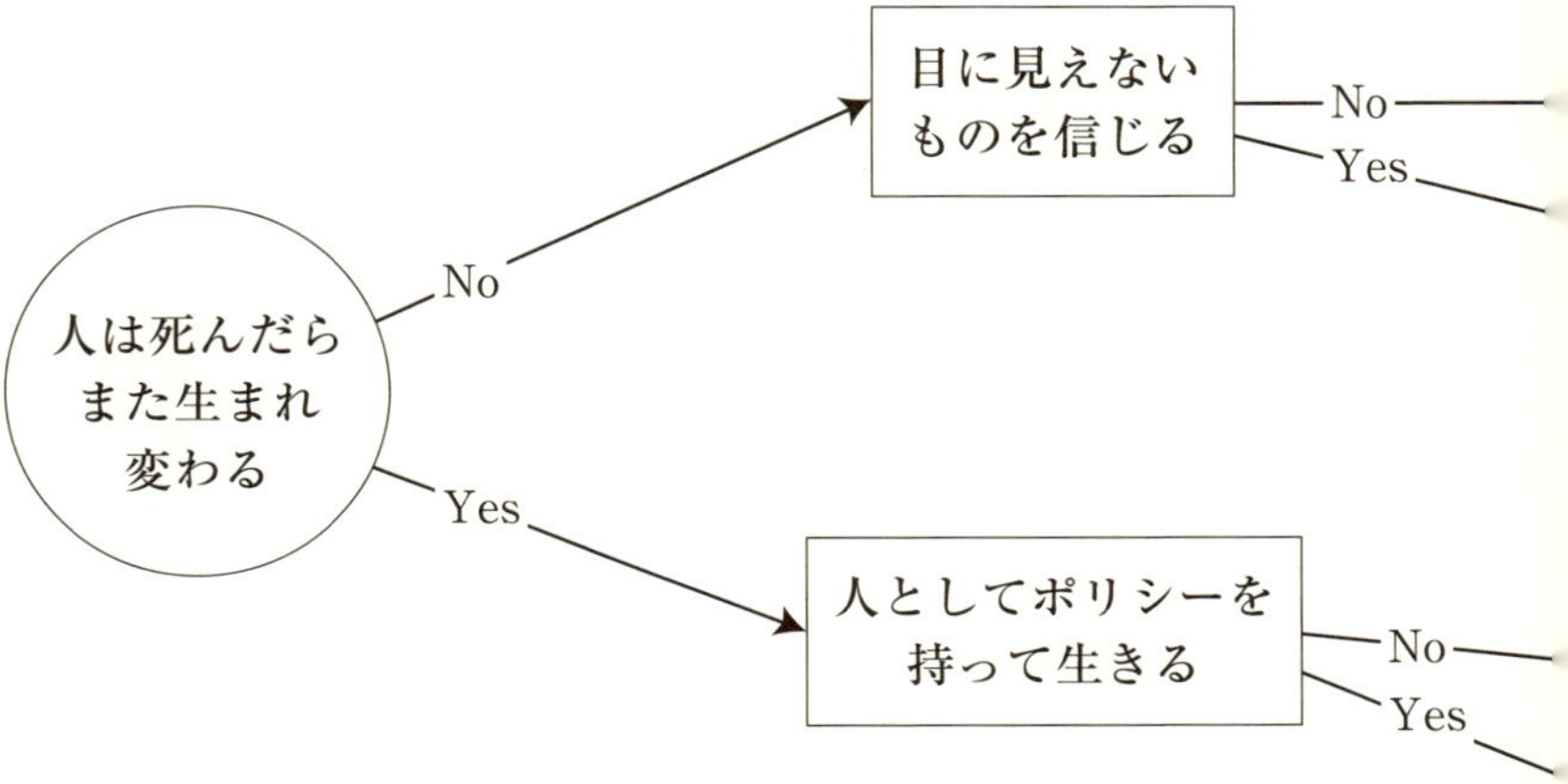

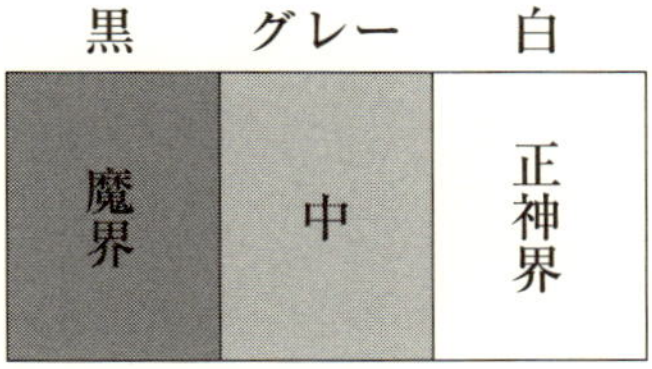

それぞれのレベルの他に神様につながった白の人、
魔界につながった黒の人、その中間のグレーの人
がいる。この人たちは真がないため、その時の
上の人が白といえば白、黒といえば黒といいます。

	150	200〜300	400〜500
正神界	ピュアでいい人 生まれる前の動物の影響を受ける	人として未熟なため仲間に入れない独断的思考	神を認めて努力するが自分のことで精いっぱい
魔　界	明らかに悪い人	明らかに悪い人	明らかに悪い人

正神界と魔界の住人のちがい

前項では、意識レベルが同じ150でも、人間に生まれる前の動物の種類によって性格がかなりちがうと解説しました。

それとはべつの観点から見て、意識レベルの数値が同じでも、まったく別の種類の人間というかたちが存在しています。しかも、これはすべてのレベルの人に言えることです。

わかりやすくいえば、神様につながっているか、悪魔につながっているかです。神様につながっているのは「正神界の人（善人）」であり、悪魔につながっているのは「魔界の人（性根そのものが悪人）」、さらにその中間の人がいます。

中間の人というのは、色で言えば白と黒のあいだのグレーの人。自分の軸がないので、強い人が白と言えば白に、黒と言えば黒にしたがってしまうような人で、どちらでもいいので自分のカラーを出しません。正神界の人から見れば、どうして白いものが黒になるのかわからないかもしれません。

意識レベルが１５０の人の場合はわかりやすいので、正神界（善人）、魔界（悪人）の区別がかんたんにつきます。

ところが、問題は７００レベルの魔界の場合です。

一見、だれにもいい人に見えたり、実際に仕事ができる人だったりしますから、お店の経営や経理を任されたりします。でも、このタイプは一度任されると、時機を虎視眈々と狙い、相手が弱ったときに仕掛ける、弱みにつけこむ、という行動を起こします。

「会社がつぶれそうだ」という相談で来られた社長さんがいらっしゃいました。

調べてみると、社員のほとんどが７００の正神界だったのですが、一人だけ７００の魔界がいました。しかも、その人は経理担当。聞いてみると、よくわからないお金の支出があって、そのため資金がショートし、不渡りを出してしまったそうです。

社長さんはその人を雇うときに3回もことわっていましたが、あいだに入っていた人との義理もあってことわれず、結局、採用したそうです。

これまでに何度かおかしいと思ったものの、いつか治るのではないかと温情をかけていたのだとか。でも、このまま雇い続けたら、ほんとうにつぶれてしまいます。

私は、「せっかくいい人材がそろっているのに、一人の魔界のために会社をつぶしてしまってはもったいない」とアドバイスしました。社長さんがセッションを受けた後、会社もすっかり立ちなおりました。もちろん、その問題の社員の方はクビになりました。

このようなケースがあるので、意識レベルとは別に、私はその人（クライアントやまわりの人）が神様につながっているかどうかもかならず見るようにしています。

くりかえしますが、神様につながっていれば善人、悪魔とつながっていれば悪人です。前世で悪い人だった人は、やはり悪い人です。一度魔界に落ちると、よほど改心しなければ神様にはつながりません。

１５０の面倒を見なければならない７００の人

クライアントとして私のサロンにいらっしゃるのは、７００の方がほとんどです。そのような人たちは、ほかの人を評価するとき、「人間としてどうなのか」という視点を持っていたり、人と同じことをするのがきらいだったり、こだわりのある方が多いようです。

人が７００のレベルまで来ると、神様は１５０の人の面倒を見させようと、その人の生活や人生のどこかに１５０の人を配置します。これは、７００の人が１０００になったときに次が育っていないと、１５０の人ばかりの世の中になってしまうからです。そうやって社会のバランスが崩れてしまわないように、神様は次世代を育てているのだと私は考えています。

実際に、７００の人は１５０の人の面倒をよく見ます。第二章で実例をあげますが、１５０の親と７００の子供という組み合わせでは、文句ばかり言う１５０の親に、７

00の子供は苦労させられるものです。

700の人は世の中の道理をよく理解されていますから、1回のカウンセリングで喜んで帰っていかれます。800になるとさらに進化します。とはいえ、わかりすぎているので、「同じ人間なのに(彼らは)なぜできないのだろう」という不満が強く、周囲への文句を言いがちになります。

900になると達観している方が多く、下手な占い師さんより自分のほうがわかっているから教えてあげる、くらいの感じの人になっています。

900のレベルで苦労している人はかなりたいへんです。クリアしないといけない時期に問題から逃げてしまったために、ハードルを高くしてしまったのかもしれません。夏休みの宿題をためてしまい、最後に徹夜しているような感じでしょうか。

1000以上になると、地球に役立つ役目を持つ人たちもいます。

人間として生まれ育っていますが、習ったわけでもなく、ふっと浮かんできたことを実行したらできた、というような特殊な才能を持っているようです。特別な分野でのリーダー格のような人で、ルーツが宇宙人かもしれません。

第二章

意識レベルのちがいで起こるトラブルへの対応策

【正神界VS正神界の場合】

①身近な人の意識レベルが違ったとき

◆自分が700・子供が150の場合

お子さんが150というとき、アウトドア派の性格なら前世がタヌキ、狐、犬です。インドア派の性格なら猫、蛇になります。

お子さんの奇妙な行動にびっくりして、カウンセリングを受けた方がいます。部屋の中にいるとき、壁に向かって全速力で当たっていくような行動をとるとのこと。このような行動は、ほとんどの場合、「前世で二足歩行に慣れていないため、現世で試している」という背景が見られます。

こんなこともありました。

相談にこられた高校生の息子さんを持つお母さんに、「息子さんは犬から人間になってすぐの方ですね」と伝えると、はっとした顔をされました。この前、その高校生の息子さんが犬小屋に入ろうとしていたのを見つけて、なにをしているのかと聞いてみたら、「ちょっと犬の気持ちになってみようかと思って」と言ったとか。

このような行動を怒っても、まったく効果はありません。本人は怒られている意味がわからず、何度も同じことをくりかえすだけです。

ですから、150のお子さんは褒めて伸ばす方法が効果的です。700の人は褒められると「なにか下心があるのでは？」と勘ぐりますが、150の子は単純によろこびます。わが子が動物に近いなどと言われたら、そのときはショックかもしれませんが、よく考えていただくとほとんどの方が納得できるようです。

どうしてそのお子さんだけがちがうのか、それが理解できればそれからは本人を怒ることもなくなります。変わった言動、行動をとったとき、「○○ちゃんはどう思うの？」とためしに聞いてあげてください。親が態度を変えて、親子関係が改善した例もあります。

150のアウトドア派のお子さんは、とにかく外でクタクタになるまで遊ばせることです。ストレスを溜めないようにして、身の危険がないかぎり、したいことはさせてください。サッカーチームや野球クラブに入れるのもいいでしょう。

ただし、活発な子のなかには、たまに車の前に飛び出そうとする子もいるので、そのときはしっかりと怒ってください。

インドア派の猫のお子さんは、寄ってきたときはしっかりかわいがってあげてください。

◆自分が700・夫が150の場合

いっしょになるまではとても気がついて人なつっこい。まわりの人にもウケがいい。ところが、結婚したとたん豹変するのが150の夫です。

こちらと話が通じなくなったり、頭から人をバカ呼ばわりしたり、「俺様がいちばん」と思わせるために、言葉や暴力で従わせようとしたりします。150の狐、魔界のケースは特にひどく、多くがDVを引き起こしています。

〈ケース1〉奥さんは毎日叩かれても、ご主人がいつも近くにいるのでほかに助けを求められず、よその人からは「仲がいいですね」と言われても、打ち明けることさえできません。

やがて、お子さんが大きくなるにつれて、耐え切れなくなったお子さんが「今日こそ親父を殺す」などと言いはじめます。でも、息子を殺人犯にするわけにもいかず、夫が仕事に出たすきに子供を連れて逃げ、やっと離婚できたという方もいました。

〈ケース２〉気絶するほどひどいＤＶを引き起こす夫から自分だけ裸足で逃げ出し、やっと子供を迎えにいったときには、壁には血が飛び散っていて、子供の体にはひどいアザがあったという、悲惨な状況になっていた方もいました。

〈ケース３〉一晩で１００万円以上も借金をする夫のせいで、自分まで消費者金融に追われて、海に落とされた奥さんもいます。死んでたまるかと岩にしがみついて助かったものの、それでも莫大な金額を払い続けました。

その方から「私は前世であの人にひどいことをしてきたから、こんな目に遭うのでしょう。おかげで身体《からだ》だけは元気です。もう少しで払い終わることですし、がんばります」と言われたときには、頭が下がりました。

〈ケース4〉なにか気に入らないことがあったのでしょう。夜、いきなり奥さんの足を引っ掛けて倒したあげく、そのまま寒空に何時間も放置するような行動をとる人物もいました。

ところが、そのあげく、「ここにいたのか、心配したんだよ」とやさしくするというのです。DVのあとでやさしくされるとがまんする奥さんが多いのですが、できるだけ早く離婚することをおすすめします。残念ながら、150は死ぬまで150です。相手は法律に弱いので、調停離婚がいいでしょう。

ただし、150でも正神界にいる旦那さんならDVなどありませんから、心配はいりません。旦那さんがピュアでかわいい、と思える奥さんも多いでしょう。「君はペット」というドラマがありましたが、あんな感じで一生立てて褒めてあげればうまくいきます。

150の人は社長だったり、役職についていたり、お金持ちだったりします。それは神様に「なにになりたいのか？」と聞かれたとき、魂が若いほど上を希望するからです。経験値を積むほどに、社長はたいへんだとか、お金も使うだけあればいいとか、希望することはだんだん平凡になってくるものです。

奥さんのレベルが上の場合、私は奥さんに向かって「そうとう（結婚生活を）がまんしないといけませんが、だいじょうぶですか？」とお聞きしています。すると、「わかりました。調教します」とか、「現金をくわえて帰ってくる猫と思えばいいのですね」と達観してがんばる方もいらっしゃいます。

ここまで悪い話ばかり書いてしまいましたが、150の旦那さんは基本的に母性本能をくすぐられるタイプですから、上手に内助の功を発揮すれば、奥さんしだいで上げられるという楽しみもあります。

人の考えないような発想や着想など、150の奇想天外な行動を活かせる環境があればいいでしょう。行動力は抜群ですし、上昇志向は人一倍強いので、組織でも頭角をあらわすタイプと言えます。

ただ、つねに正しい方向に軌道修正してあげないと、横道に外れやすい欠点もありますから、環境や交友関係には注意してください。霊障にも遭いやすいので、精神面がパワーダウンしていないかというチェックもおこたらないでおきましょう。

◆自分が７００・妻が１５０の場合

このケースはほとんどご相談に来られません。男の人は相談するとか弱みを見せるのが恥だと思っているのでしょうか。

そこで、知り合いから聞いた話を紹介します。

バツイチの子持ちの人と、付き合う時に子供を抱かされて、「まぁ、すごいこの子誰にも抱かれないのよ」から始まって、一緒になると祖父母両親まで、病院の送り迎えにお風呂のお世話をして、最後まで見とって、精神誠意尽くされたそうです。その揚げ句「好きな人が出来たから別れて！」と、言われたそうです。ひどいでしょう？

他には、買い物依存症、育児放棄もあります。妻が１５０の場合、子供がなつかないので、父親が子供を引き取って育てているケースが多く見られます。対応策としては、我慢するか離婚するかしかないのですが、セッションを受けるとずいぶん改善されるようです。

◆自分が７００・親や義理の親が１５０の場合

父親が１５０で子供が７００、しかもその子供が娘さんの場合、娘さんは子供のようにわけのわからない生きかたをする父親に幻滅することがあります。

その結果、やさしくしてくれる理想の父親像を求め、ファザコンになる傾向があります。そこで、親子ほどはなれた年上の男性に恋したりします。また、ＤＶの父親を見て育つと、将来、自分もそうなってしまうのではないかと不安になります。

母親が１５０の場合は、幼いころからつねにいっしょにいてまちがった育てられかたをするので、判断基準が狂ってしまいます。一般的にですが、食べかたが汚い、大声で悪口を言いながら食事をする、いちいち文句を言いながら育てる、という特徴があります。

これでは子供がかわいそうです。人格形成において、このような親が反面教師になればいいのですが、７００の人でも１５０の親から育てられると１５０のような行動をとってしまうおそれがあります。

奥さんに「ご主人は７００ですね」と伝えたとき、「１５０かと思いました」という答えが返ってくるときがあります。この場合、そのご主人の親のどちらかが150です。

その場合の対処法としては、1日も早く家を出ることです。実際、出られた方が多く、家に帰りたがりません。

150が義母というパターンも珍しくありません。

実母にプレゼントするように贈り物をしても、義母は喜びません。社交辞令を口にすることはないので、贈り物にたいして本人が「いらない」と言うのなら、ほんとにいらないのだと理解して、あげないようにしましょう。

とはいえ、現金は喜ぶので、できれば現金がおすすめです。お世辞に弱いというのも150の特徴ですから、つねに立てて上手におつき合いしてください。

◆ **自分が700・恋人が150の場合**

「祖母や母親を見ていたら、子供は欲しいけれど結婚はしたくないと思うようになりました」

女性のご相談を聞いて、お祖母さんとお母さんを検索してみると、それぞれの旦那さんは150のタヌキ。そのせいで苦労された人生を送り、彼女もそれを見ていたせいで悲観してしまったのでしょう。

しかも、彼女がつき合っている恋人もまた、150のタヌキだったのです。

150の人は、人なつっこく寄ってきます。なつかれた彼女はまちがいなくいい人です。150の人は、顔がよかったり、頭脳明晰だったりというように、神様からもらったプレゼントがあります。でも、人間性に欠ける面もあるので、700の人がいっしょにいたら、とてもつらい思いをします。

ひととおり相談を受けたあと、ポツリと彼女が言いました。

「実は、彼のほかにもう一人、気になる人がいるのですが……」

そこで、その「気になる人」を調べてみると、700でした。しかも、その人は彼女のソウルメイトでもあり、とても相性がいいとわかりました。それをお伝えして1回目のセッションは終わりました。

2回目に来られたとき、すでに彼女は150の彼と別れて、700の男性とつき合っていました。夏に男性が「家を見にいくのでついてきて」と言われてついていくと、それがプロポーズだったとか。彼女は彼の「ケンカする時間がもったいないでしょう」という言葉も気に入ったそうです。

本項の冒頭で、お祖母さんとお母さんのそれぞれの旦那さんが150のタヌキだった、というエピソードを紹介しましたが、その後、彼女がお母さんに「お父さんは150のタヌキだったよ」と伝えると「タヌキ、タヌキ、わかる！」とお母さんは笑い出したそうです。

さらに、お母さんに「『ケンカする時間がもったいない』なんて言葉、お父さんに言われたことある？」と聞いてみると、「150のタヌキがそんなこと言うわけないでしょ！」という答えだったとか。

この話はまだ続きます。二人はその後、結婚。そのまま幸せな結婚生活が送れていると思っていたのですが、なんと姑《しゅうとめ》が150のタヌキでした。

あるとき、その姑から「これ持って帰りなさい」と食料品を渡されたので、ありがたくいただいて帰宅。なにげなくラベルを見ると、カビていたり、賞味期限の切れたものばかりだったそうです。こんな場合も腹を立てずに善処したいものです。

とにかく、文句を言えば10倍返しされます。おつき合いするときには、なるべく夫同伴で行ったほうがその場の雰囲気もわかるので、注意してくれたり、息子さんの前ではおとなしいようです。

②　１５０の集団への対応策

◆家族全員が１５０の場合

保険会社のイベントに招かれて、個別相談を受けたことがあります。

そのときのクライアントが、なんと１５０の夫婦と子供３人の家族、しかも２組でした。ちなみに、１組はタヌキ１５０の家族、もう１組は犬１５０の家族でした。

ご本人たちに１５０の話をするのは失礼かしら、と思いながら説明していくうちに、だいじょうぶそうな気がしたので、思い切って話してみました。すると、意外にも受け入れてくださいました。

そのうち、150の方の食べかたが汚いという話をしたとき、タヌキの家族のお母さんが「そうそう！　うちはみんな食べかたが汚いから、あとのお掃除がたいへん！」と言います。

すると、犬の家族のお母さんが「お父さんは汚いけど、子供たちは私が躾《しつけ》したからみんなきれいに食べるわよ」と言いました。

犬同士だから言うことを聞くのでしょうか。

150同士は仲が良いので問題ありませんが、ケンカするとはげしいです。温かく見守ってあげればよいと思います。

◆自分が150・友達が150の場合

あるとき、150のAさんがBさんとCさんをともなってサロンにやってきました。同じ150レベル同士は気が合います。「おれはちがうと思うよ」「いや、お前は絶対150もない、149だ」などとジャレあっていましたが、調べてみると全員150、しかも犬という前世もいっしょでした。

少しがっかりしたようでしたが、３人とも同じ職場で楽しくてしかたがないといった様子。よくお酒をいっしょに飲みに行ったり、カラオケに行ったりして人生を楽しんでいるようです。

基本、仲が良いので問題ないのですが、善悪の区別がつかないので、悪いところにも平気で足を踏み入れます。周りを見てあげましょう。

ちなみに、Ａさんはかつて、浪費家でかんしゃく持ちでした。

私のサロンに来る前は、娘さんの勤め先へ行って「１万円くれ。３千円でもいい」などと無心して無理矢理お金をもっていくようなこともあったそうです。

そんなある日、以前から当サロンにいらしていた娘さんが、Ａさんを伴ってやってきました。Ａさんは霊が憑きやすい体質だったので、憑いていた霊を祓うと、そんな行動がなくなりました。

娘さんにも一つ、悩みがありました。

歯並びをなおしたいと思っていても、歯医者がこわくて行けなかったのです。それが、セッションを受けると怖さがなくなり、矯正を決心。そのとき、なんと歯列矯正にかかる費用34万円をお父さんのAさんが出してくれたのです。

それからのAさんは、娘さんにプレゼントを買ってくれたり、家族のためにお金を使ってくれたりするやさしいお父さんに変わりました。

これには家族みんなが驚き、親戚からも「いったい、なんであんなに性格が変わったのだろう」と不思議がられています。

Aさんはいまでもときどき調子が悪くなると、サロンに来られます。霊が憑きやすい体質は変わらないので、そんなときはヘロヘロの状態に見えます。でも、処置するととたんに元気になります。

先日、引越しをしたときに、エントランスを通ったとたん、霊が憑いたのがわかったそうです。早く私のところにきたかったそうですが、動けなくて2週間も寝込み、まるで別人のようにやつれて現れました。

祓ったあとはいつもの元気なAさんにもどって帰られました。

【正神界VS魔界の場合】

①魔界の住人への対応策

◆自分が７００・相手が７００魔界の場合

水商売でママさんをしているクライアントのお話です。

最初のお店が順調だったので、あるとき、ママさんは2号店を出すことにしました。

そこでまかせたのが、1号店で「とても気がつくいい子」と認めていたD子さん。

ところが、客入りはいいのに、利益を残さないので、結局1号店の利益から補填せざるを得なくなりました。

相談を受けて調べると、D子さんは７００の魔界でした。おそらく、はじめから意図があり、計画的に近づいてきたと思われます。

そこで、ママさんは1度、不景気を理由に2号店を閉め、彼女にやめてもらいました。そのうえで、700正神界の女性に2号店をまかせました。いまでは2号店もうまくいっているそうです。

700魔界の人は、一見いい人そうでも、しょせんは悪につながっています。悪事をして初めて功績を認められる裏社会と似た性質があるかもしれません。

人間が一度魔界に落ちると、正神界に上がるのはとてもむずかしくなります。しかも、落ちるのはかんたんです。コツコツと徳を積んでいても、ラクだからと安易な気持ちになれば、落ちるときは一瞬です。

まずは、極力、悪い人（魔界の人）に近づかないことです。「私はそんなことになるはずがない。だいじょうぶ」というのは、たんなる慢心ですから気をつけましょう。善を思い、善をおこない、人を助け、徳を積んでいけば、かならずよい方向へ神様は導いてくださるでしょう。

◆息子が700・妻が150魔界の場合

このクライアントのケースは、前世とも関わりのあるエピソードなので、前世療法の話からはじめます。

83歳のEさん（女性）に対して前世療法をしたときのことです。

とても裕福なお家に生まれたようで、広いバルコニーからは噴水のあるお庭が見えました。広いホールの白い壁には、金色の額に入った肖像画が複数。お部屋には天蓋のあるベッド、バルコニーもありました。

当時はEさんのお母さんが病気がちだったので、お父さんとの二人暮らしでした。そこにあるとき、若い女の人が登場すると、Eさんは当時の気持ちを思い出して「私、この人きらい」と言いました。

次のシーンでは、自分が水汲みをする姿につづいて、馬小屋の藁の上に寝ているシーンが現れました。Eさんはお母さんの死後、お父さんの後妻（映像に登場した若い女の人）にまるでシンデレラのように働かされた過去を送っていました。その後、現世の夫となる男性と知り合って結婚、幸せに暮らしています。

現代に話をもどします。

Eさんの前世でのお父さんの後妻が、現世では「長男の嫁」となっていました。

しかも、調べてみると嫁は150魔界でした。Eさんには跡取りに決まっている長男のほかに3人の娘がいましたが、150魔界の嫁は娘さんたちを1度も家に寄せつけませんでした。

夫である長男とも関係は冷め切り、ほとんど口も聞きません。とても意地悪な嫁だったので、Eさんは夫の他界後、寂しく暮らしていました。

結局、私のところに来たあと、息子さんは彼女と離婚することになりました。家を嫁に渡し、小さなマンションで暮らしはじめたのですが、それからは3人の娘たちもよく来てくれるようになり、息子さんもよくおしゃべりをするようになりました。

いっぽう、家をむしりとった嫁はその後も、「生活費が足りないので、もっとお金をくれ」と言ってきたそうです。これにはさすがの調停員も「あなた、家を取って追い出しておいて、たいがいにしなさい！」と怒ったそうです。〈別のケース〉

魔界の妻が「もう貴男とは離婚やね」と言ったら、子供たちが「お父さん早く家を出ろ」と言って荷物をつくって出してくれて、1カ月後、子供たちも出て来て、離婚が成立したそうです。子供は見てますから、どちらが正しいかわかっているのです。

◆自分が８００・恋人が１５０魔界の場合

知り合いの娘さんのカウンセリングをしていると、つきあっている相手が１５０魔界の狐でＤＶだとわかりました。

顔にはすでに傷をつけられていました。彼の家で寝ていて、目が覚めたら傷がついていたそうです。彼女が言うには「寝るとまったく覚えがなくなって、なにをされても気がつかない性分」だとか。酔わせて動けなくして、そのまま置いていくような薄情なこともするそうです。

カウンセリング当日も「これから彼のところにお弁当をつくりに行く」などと言います。彼女は強い人ですが、泣き落としでこられると弱いようでした。

とはいえ、どうみても、意識レベル８００の彼女がいっしょになれる人ではありません。その日、友人といっしょに来ていたので、３人で協議のうえ、恋人と縁切りをすることに決めました。ふつう、そこまでしませんが、もしこのまま子供をつくられても傷つくのは彼女だとわかっていたからです。

これまで、１５０魔界の人といっしょになってどれだけの人が悩んで相談に来たでしょうか。そのことを知っているだけに、知り合いの娘さんにそんな経験はさせられません。

彼女は泣いていましたが、心を鬼にして縁切りをしました。

縁切りをすると、憑き物がとれたようにスッキリ。彼女も、だれかにそうしてもらわないといけない、と心の底では思っていたようです。

それからは1度も会ってないようで、いまでは「なんであんなヤツのところに行っていたんでしょうね」と元気にがんばっています。

◆自分が700・職場のトップ3が150魔界の場合

職場の人間関係に悩んでいた、700正神界の40代男性。職場のトップ3人が150魔界だとわかりました。

150の人は、前世で動物だったころの影響を受けます。男性の上司の前世をそれぞれ検索していくと、いままで見たことのない熊、ゾウアザラシ、貘、カワウソ、犬といった動物たちばかりでした。まるで職場が動物園です。

以下、動物の名前で職場の状況を解説してみます。

ゾウアザラシが犬（とてもいい人で問題を起こすような人ではありません）に言いがかりをつけて、胸ぐらをつかんで文句を言うトラブルが起きました。

そこでクライアントの男性が上司のカワウソに報告すると、胸ぐらをつかまれた犬が悪い（犬の人は悪くないのにかわいそう）と言い出す始末だとか。

職場ではすべてがそういう具合で、日々、たいへんです。

とはいえ、クライアントはそのとき、厄年のまっただなかにありました。とても転職できる時期ではないので、「仲のよい700正神界のお友達と相談しながら、もうしばらくがまんするしかないですね」と伝えると、「自分は外の仕事が多いので、用事が済んだらすぐ会社を出るようにします」ということでした。

150魔界の上司には決して逆らわないことです。イエスマンしかかわいがりません。おだて、ヨイショが大好きなので、転職できる時期になるまでうまく演じきりましょう。

第三章　セッションの事例集

【幽体離脱のケース】

◆起業をあきらめたそのときに

その青年は一人でサロンにやってきました。

ところが、こちらがなにを話しても、のれんに腕押し状態で話が進みません。明らかに幽体離脱をしていました。幽体離脱の人とお話をすると、なぜか眠たくなります。

こんなときはしかたがないので、セッションを淡々と進めるしかありません。最後に幽体離脱をもとにもどしてみると、そのとたん、彼が過去についてしゃべり出しました。

「8年前、会社を起業しようと毎日徹夜してがんばっていました。ですが、お金が用意できず、起業をあきらめなければなりませんでした。そのとき、私は変わってしまったんです。もどしてもらったら、思い出しました」

幽体離脱して身体から魂が飛んでいったのは、おそらくそのときでしょう。

それから、次の方が来られるまで、彼は人が変わったかのように熱く語りはじめました。サロンには虹の写真が飾ってあるのですが、幽体離脱している人が見ると、虹が見えていなかったり、色が薄かったりするようです。彼も、最初と写真の印象がまったくちがって見えると言って驚いていました。

幽体離脱しているときは、鼻声のようなフワフワした声なのですが、もどすとお腹のそこから声が出るので、みなさん自分でびっくりされます。「地に足がつく」とはこういうことなのでしょう。

その後、彼は「あれから元気になった」「カラオケが楽しくなった」「元気過ぎて仕事が一つではもったいないので、もう一つ仕事をしたい」と言っています。

元気なのは良いことなので、がんばってください。

◆失恋のショック・ストレス

Ｆ子さんは、25年前にふられたショックで幽体離脱していました。

現在、旦那さんがいるにもかかわらず、恋愛を求めていました。失恋がトラウマになって、愛を追い求めていたのです。愛が手に入ったら自分をとりもどせる、と思っていたのでしょう。

もとにもどしてあげると、「旦那さんに悪いことをした」と反省していました。

ともかく、家庭がこわれずによかったと思います。家族はあなたの大切な宝物です。

いま、モラルのない人が多いですが、その人たちは幽体離脱しているのかもしれません。

もう一つのケースも変わっています。

結婚前は裕福に育ったG子さんでしたが、結婚相手はきびしい旦那さんでした。なにをするにも旦那さんに相談しないと、お金を持たせてもらえません。しかも、相談するたびに文句を言われます。そのストレスから、知らず知らずのうちに幽体離脱してしまいました。

もどしてあげると、自分に自信をなくしていたG子さんに、がぜんやる気が起こってきました。本来、仕事のできる方なので、仕事をするようにおすすめしました。

早く合うお仕事が見つかるといいですね。

【前世療法のケース】

◆不遇な過去世のトラウマをとる

そばを通ると、殺気を感じる知人がいました。

振り返りざま、バッサリ切られそうな気がするのです。いったいこの感じはどこからくるのか、と不思議でした。

前世療法をすると、過去世に入っていった彼女は、いきなり大声で泣き出しました。なにがあったのかと聞いてみると、「(彼女の）家族が魔女刈りにあって全員殺された」と言うのです。

仲のいい家族でした。だからこそ、彼女は臆することなく、教会に怒鳴り込んでいきました。でも、結局、彼女も処刑されました。緑色のビロードの服を着た彼女が磔《はりつけ》にあって処刑されるシーンが見えました。

その前世を浄めて癒やしてあげると、目から怒りが消え、殺気も消えました。それからはまわりもびっくりするほど、顔や性格がおだやかに変わったのです。

Hさん（女性）も数奇な過去世を持つ人でした。

Hさんには、平安時代、天皇に仕える女性だった前世がありました。山に沈む夕日が美しい、とてもきれいな宮殿に住んでいましたが、天皇から認められず、さびしい人生を送りました。そんな過去にこだわりがあって、現世も平凡な女性としての生活より仕事をとる生きかたを選んでいました。

その前世を癒やしたあと、祖母が顔を見るなり、言ったそうです。

「目が変わったけど、いったいなにがあったの？」

その後、Hさんはお見合いをして幸せな結婚をしています。このように、過去を癒やしてトラウマをとると、まったくちがう人生になっていきます。

同じ人が何回か前世療法を受ける場合があります。トラウマが多い人はその回数受けます。1回目はリビングにコタツだけだったのが、2回目になるとコタツのまわりにソファーがあったり、だんだん家が立派になったり、守護霊の方の髪の毛がストレートヘアーだったのが、2回目ティアラがつき、3回目は冠になったりと変化していくのがとても興味深い人もいました。トラウマを取ることで、守護霊の地位が向上するからで、守護霊の守備範囲を越えると上の方と交替します。

◆殺意のない善良な人たちに殺されてしまった人

30代女性のIさんはアトピーで顔が真っ黒でした。

私は「やけどのような真っ黒な皮膚は、きっと前世で火事に遭ったのにちがいない」と思いながら、前世療法に入りました。

ところが、何歳になっても火事は起きませんし、やけどもありません。不思議に思いながら聞いていくと、前世の晩年にさしかかりました。Iさんの年齢を聞いてみると102歳。さらに、いまどこにいるのか聞いてみました。

「棺桶の中です」

その答えに私はぎょっとしました。「ちょっと待って、まだ死んでないですよね?」と確認してみると、やはりそうでした。

事情はこういうことです。百歳を超えると三日ぐらい寝こんだりするケースがあります。Iさんもまさにそれでしたが、まさか、まだ生きているとは知らない村人が、寝ているおばあちゃんのお葬式を善意であげてしまったのです。

村人が「よかったね、おばあちゃん長生きできて、大往生だったね」と言っているのが見えました。しかし、まさか、棺桶の中でおばあちゃんが生きながらに焼かれているとは夢にも知りません。

Iさんは焼かれているときに目が覚めました。しかし、泣けども叫べども、だれも気がつかないまま、無残に死んでいきました。

Iさんは死んだあと焼けた膝の裏側だけが白く残ったのですが、あとは真っ黒でした。おばあちゃんの霊を癒やしてあげると、月日とともにだんだん白くなっていきました。いまでもアトピーは残っていますが、色は以前とくらべてずいぶん白くなっています。

自分のことに気づいてほしかったのでしょうね。さぞかし熱くてびっくりしたでしょう。つらかったでしょう。

やっと気づいてあげられました。救われてよかったですね。

◆酒乱の夫は前世かけ落ちした青年

Jさんはご主人と結婚して47年になります。

お酒を飲むと暴力を振るわれて、救急車で運ばれたこともあったそうです。

Jさんの前世はアイルランドの領主の娘でした。村を視察中に知り合った青年と恋に落ちたJさん。二人は、断崖絶壁の入り江にある廃屋を改装して暮らしはじめました。

しかし、執事のいない自給自足の暮らしができるはずもなく、Jさんは1週間もしないうちにお城へ逃げ帰ってしまいます。

一人残された青年は、その後、領主の娘をたぶらかした罪で村を永久追放になりました。しかも、年老いた母を村に一人置いていかなければなりませんでした。

母への申し訳なさと悔しさで、一生村の外で暮らさなくてはいけなかった青年。それが、いまのご主人です。ご主人の気持ちを思えば、奥さんにつらくあたるのも無理はないと私は思いました。

いっぽう、Jさんはお城に逃げ帰ったあと、父のすすめで結婚。3人の子供を産んで、一生幸せに暮らしました。

それでも、たった1度だけ、彼女は海の近くに住んでいた青年を見にいったことがありました。しかし、声をかけられず、そっと帰りました。

ご主人は前世の名残なのか、魚釣りに行っていらないものを拾ってきたり、小動物をとるために罠をしかけたりするそうです。

前世を癒やすとき、村に一人残った母親と会わせてあげました。出ていった彼女のことは仕方がないとあきらめていましたが、村に一人お母さんを置いてきたことを後悔していましたから、会わせてあげようと思いました。2回目に来られたときに、息子に会えずに腰が曲がり年老いたお母さんと抱き合って泣いていました。

それ以来、Jさんはご主人から叩かれなくなったそうです。とはいえ、またなにかされたらどうしようという不安はぬぐえません。そこで2度目の前世療法に入りました。

次の前世も、Jさんはご主人との縁がありました。結婚の約束をして、ずっと窓辺で彼の迎えを待っているJさんの姿が見えました。

しかし、彼は荷物を馬車に積んでJさんを迎えに行く途中、断崖絶壁から落ちて死んでしまったのです。馬が道から出てきた蛇に驚いて暴走したあげくの事故でした。

教会のお葬式で呆然と立ちすくみ、泣いている彼女が見えました。

この前世を見て、47年間暴力を受け続けても別れない理由がわかったような気がします。夫婦とはご縁があっていっしょになっているのでしょうが、憎しみ合うとほんとうにつらい存在になります。Jさんは真面目すぎるくらいの方なので、自分で楽しめるものを見つけるのが課題でしょう。

それ以後、叩かれたりひどい目に遭ったりということはなくなりました。人生は長いようで短いですから、楽しんでほしいですね。

◆おしゃべりできない3歳の息子さん

「3歳になるのにほとんどおしゃべりできないのは、なにか原因がありますか？」

大阪のKさんから、電話で深刻なご相談を受けました。

すぐに前世に原因があるとわかりましたが、クライアントが3歳という場合にはコミュニケーションがとれないので、かわりに私が前世を見ることにしました。

ヨーロッパで大道芸人だったパンセ君が、3歳の息子さんの前世でした。

当時の地元警察はお世辞にも市民の味方とはいえず、人格的にも問題のある人が多かったようです。パンセ君はそんな警察につかまり、2度と大道芸ができないように舌を切られてしまいました。

その後、街をさまよっているときに、いまのご両親に面倒を見てもらい、のちにパントマイムで成功しています。

そのご縁で現世も子供として生まれてきたのですが、舌を切られた前世からでしょう、おっぱいがうまく吸えなかったり、指しゃぶりばかりしてしゃべれなかったりしたそうです。

遠隔でしたのではっきりとわかりませんでしたが、私がその前世を癒やしていたとき、舌がもどったような不思議な感覚がしました。

49日間は結果が出なかったのですが、それ以降、いろいろなことをしゃべるようになったそうで、いまではいらないことまでしゃべるとか。おしゃべりするのが、楽しくてたまらないようです。治ってほんとうによかったですね。

◆前世で悪いことをした気がする、という予感のある人

「私は戦争で人を大勢殺した気がします……」

Lさん（女性）はサロンに来られると、そのようなお話をされました。

前世は、ナチスドイツに捕まったユダヤ人の女医さんでした。彼女は、生きたまま解剖したり残酷な実験をしたりといった医学分野の協力をするなら命を助けてやるとナチスから持ちかけられていました。しかし、「同胞にそんなひどいことはできない」ときっぱり断りました。

その後、彼女はアウシュビッツのガス室で殺されました。「でも、その顔はとても

おだやかでした」と自分で光景を見たLさんが言いました。

大勢殺していたというのは、たんなる勘違い。それを知ったLさんはすがすがしい気持ちで帰られました。

◆過去の無念をいじめではらす人もいる

Mさん（女性）は、中学2年生のとき、A子さんと出会いました。はじめは仲よく遊んでいたのですが、A子さんの態度はだんだん横暴になり、命令口調になってきました。やがて、Mさんはそれがイヤで不登校になりました。なんとかしたいというご家族が、Mさんをサロンに連れてきました。

Mさんの前世は、ロミオという少年。パン屋で働くお母さんと二人暮らしをしながら、街頭で鐘を鳴らして「号外！　号外！」と元気に新聞を売っていました。その後、ロミオ君はがんばって新聞社で働くようになりました。

そのとき、上司だったのが友人、A子さんでした。

ロミオ君は上司のA子さんから仕事を押しつけられ、毎日仕事ばかりで、好きになった人とも結ばれず、早くして亡くなりました（過労死）。ロンドンで大火事があったらしく、お母さんが働くパン屋から出火して四日間燃え続けたそうです。

あとでインターネットで調べたところ、このロンドンの大火はほんとうにあったことがわかりました（１６６６年）。ちなみに、このときから火災保険制度がはじまったそうです。ロンドン市内の85％（1万3千２００戸）が焼失し、家屋のほとんどが木造であったため市民はなすすべもなかったそうです。

さて、1回目の前世療法のあと、Mさんは不登校ながらもがんばって公立高校に合格。

その高校は出身中学からいちばん遠くにあったので、A子さんも来るはずがないと安心していたのですが、なんと彼女は同じクラスに入学してきたのです。

そして、Mさんと仲よくしている友人を見ると、その人に寄っていって悪口を言いふらしはじめたのです。

悩んだ彼女は、再び前世療法を受けました。

Mさんの前世はギリシャ時代の人気作家ソフォクレス（紀元前４９６年ごろ～紀元

前406年ごろ)。A子さんは当時売れない作家でした。

ソフォクレスは当時の王様に気にいられ、お城の1室を与えられます。そこで作家活動をして、演劇で貴族階級に認められました。

それにたいしてA子さんはまったく相手にもされず、見る影もありませんでした。

私は2回目の前世療法を終えて、これで問題はなさそうだと感じました。そして、「あなたは素晴らしい人だから、(A子さんを)気にしなくてよいのでは?」とアドバイスしてみました。

不思議なことに、翌日からA子さんが学校に来なくなり、半年後には退学していきました。自分に非がないなら、正々堂々と自信を持って生きていけばいいのです。

◆エリザベス一世の学び

30代女性のNさんは、毎日会社の上司から叱られ、無視までされるというストレスを抱えていたため、前世療法を受けました。

前世は16世紀のイングランド女王エリザベス一世でした。

非常に気が強く、男性を寄せつけません。気に入らないことがあると、家来にたいして烈火のごとく怒り、横暴なふるまいをしていました。

セッションのあと、ご本人の現実感が薄いようなので、「エリザベス一世に関する映画のＤＶＤを見てくださいね」とアドバイスして、その日は前世を癒やして帰ってもらいました。

しかし、Ｎさんは2回目に来られたとき、忙しさにまぎれて、まだエリザベス一世に関する映画を観ていませんでした。あいかわらず、上司の機嫌が悪くて耐えられないという状態は続いていました。

いまが気づきの場ですから、いま気づいて考えかたを変えなければ、なにも変わりません。今度こそ、レンタルビデオ屋さんからＤＶＤを借りてきて、Ｎさんはちょうど家にいた私の娘といっしょに映画のＤＶＤを観ました。

それがよかったようです。エリザベス一世のお話には多少美談も交えてつくられています。一人で観ていたら、大切なシーンの描写に気づかず、見逃していたかもしれません。

たとえば、エリザベス一世が会議室から出てきたシーンです。彼女は興奮して、いきなり守衛を叩きました。そのとき、いっしょに観ていた娘が「このおじさん、かわいそうやね。中の出来事なにも知らないのにいきなり叩かれて」と、つぶやきました。Nさんはその言葉に感じるものがあったようです。

エリザベス一世は一国のトップで、逆らうものは容赦なく処刑していましたから、部下からひじょうに恐れられていました。

現世では絶対的権力のない立場となったNさんが上司に逆らえず、一喜一憂させられている境遇です。前世からの因果応報で、現在つらい仕打ちを受けているわけです。この状態を解消するのに役立つ言葉が、「ごめんなさい、許してください、ありがとう、感謝します、愛しています」です。くわしくは第四章で後述します。

DVDを観てNさんが驚いたことがありました。

前世療法で見たお城が、そのまま出てきたのです。エリザベス一世の性格も自分に似ていると実感。そこで初めて、まわりの人にひどいことをしていたと心の底から反省して、当時の周囲の人たちに「ごめんなさい」と言えたそうです。

翌朝、落ち葉がひどくてみんなでお掃除をしていたら、満面の笑みを浮かべた上司が「ご苦労さま」と声をかけてくれました。心からの謝罪の気持ちが、現世での上司の態度を変化させたのでしょう。

以来、Nさんはほかの同僚とも打ちとけて仕事ができるようになりました。仕事も順調です。その後、父親の看病で同病院をやめることになったとき、上司から落ち着いたら、また働いてほしいと懇願されたそうです。

◆ペーターとの約束が現世で実現

Kさんは「喜怒哀楽のない性格を改善したいので、セッションを受けたい」というご希望でした。

1回目の前世療法のとき、彼女は自分で過去世がまったく見えませんでした。かわりに私がKさんの過去世に入ると、いろんなことがわかってきました。Kさんは貧しい村に生まれ、幼くして絹物問屋に奉公にあがりました。そこで、先輩の奉公人を好きになります。

しかし、恋愛禁止のご時世で自分を殺して生きなければならず、そのせいでまったく感情をなくしてしまいました。しかも、仕立て物をとどける途中、辻斬りに遭い、故郷に送り返されたうえで亡くなっていました。

あまりに過去がつらすぎて、自分で見られなかったのでしょう。

1回目の前世療法のあと、Kさんには少し感情が出てきたように見えました。

2回目の前世療法で、Kさんは「どうしても自分の目で見たい」ということで、挑戦してみました。そこで見えたのが、ペーターとの前世です。

前世でフランス人だったKさん。あるとき、恋人のペーターにプロポーズされました。でも、母と弟の面倒を見ないといけないので、そのとき、ことわらなくてはいけませんでした。

それでもペーターは「ずっと待っているからね」と言ってくれました。

しばらくして、レストランで働く彼女の前に現れたペーターは、家族を同伴していました。そのときのショックで彼女の時間は止まったままになり、うつろな一生を送ったのです。

Kさんは、現世で、きらいな人との結婚を決めてしまった経験があります。ことわれなかったのは「この話をことわったら、ずっとうつろな人生のまま生きなければならない。それが怖い」という気持ちからでした。その後、式場まで決めたものの、最後はやはり踏み切れずに破綻。頭では「これでよかったんだ」と思っても、やはり涙が止まらなかったそうです。

私が「現世はペーターといっしょになる予定だから、別れてよかったのよ」と言ってあげたら、ウソのように元気になりました。

そして、2年後、たしかにペーターは現れたのです。

まず、1年半後の夏、上司から「いい人がいるから会ってみないか」と声をかけられました。しかし、予定が合わずに話は流れてしまいました。2年後の冬になり、再び、こんどは友達から「いい人がいるから会ってみない?」と声をかけられました。

そのお相手は上司から会ってみないかと言われた人と同じでした。二人が出会って、わずか1カ月で結婚が決まりました。

「結婚しようね。ずっといっしょにいようね」と、何度も何度も言い合ったそうです。

お幸せに。

◆現世のなかよし家族には秘められた過去が

Rさん（女性）は、ご本人を含めて、ご主人、娘さんも意識レベル700正神界の方でした。

家族は、お母さんであるRさんを気づかってくれるやさしい人たちで、とても幸せそうな人に見えました。ただ、Rさんにはパニック障害があり、どこか寂しげな影も感じました。

前世療法に入ってはじめに出てきたのは、母と妹とRさんの3人家族。父は家を出ていたために、いっしょに暮らしていませんでした。

母と妹は気が強いRさんのことをあまりよく思っていませんでしたが、Rさんは父親がわりになって一生懸命働いて、家計を支えていました。

年をとって彼女が動けなくなると、妹が面倒を見てくれました。しかし、とても恩着せがましい態度をとるので、Rさんは妹を避けるようにして、家の縁側で犬と暮らす生活が多かったようです。

妹が他界して一人になっても、家の縁側で生活しながら歳を重ねていきました。そして、120歳といわれたときに死んで地縛霊になっているのに気がつきました。地縛霊は、幽体が離脱したとき死んだという自覚がないために成仏できず、そのまま地上にとどまった霊です。

前世療法の最後に来るまで、現世に関わりのあるパニック障害の原因は出ませんでした。このまま終わってはなんだかスッキリしないな、と感じたとき、Rさんがまだ過去世でお父さんに会っていないことに気づきました。

そこで、Rさんを5歳のときにもどしてみました。

見れば、お父さんは彼女のことをとてもかわいがっています。しかし、お母さんはそんな彼女にヤキモチを焼いていました。

調べてみると、そのときの意識レベルのちがいが、家族に心のズレを生んでいました。父親700、Rさん700、しかし、母親も妹も150だったのです。

父が家を出たあと、父に似たRさんは憎まれ、母と妹にいじめられて心がズタズタになっていました。そんな彼女にとって、父に会うことが最高の癒やしでした。

お父さんに会うと、やっと彼女の目から悲しみがとれました。パニック障害もその後、出ていないとのことです。

◆ゲイになったある痛切な思い

ゲイになる人は、前世の環境からの影響が強いようです。

男同士の職場だった、殿の寵愛を受ける小姓だったなど、同性愛が多かった時代の影響が色濃くあります。

いまは時代が変わったのか、「自分はゲイです」とはっきり言われる方が多いですね。

そのクライアントも男性のゲイで、「別れた彼と今後どうなるでしょうか」というご相談でした。

いろいろ話しているうちに、「そもそも、なぜ自分がゲイになったのか知りたい」ということになり、さっそく前世療法に入りました。

そこは江戸時代でした。武家や名家では、双子は「鬼畜腹」と呼ばれ、忌みきらわれました。そこで、双子のうちの一人を殺す、あるいは人に知られる前によそに預けるという風習が残っていました。

彼の前世は「さよさん」という女性。生まれるとすぐに母親と引きはなされ、まったく愛情のない老婆に育てられました。そして、15歳でお金持ちのおじいさんのところに慰みものとして嫁にいかされたのでした。

その後、若くして未亡人になった「さよさん」でしたが、村には夜這いの風習があり、それを恐れるあまり、彼女は自害して果てました。そのときの「女はイヤだ、好きな人と結ばれたかった」という強い思いが、男として生まれさせ、男の人を好きになるという背景でした。

とはいえ、これは自然の理に反します。

男の人は陽の気です。前世のさよさんが憑いていたから、この男性は陰になって、陽の男性を求めていました。前の彼氏とは「いつもいっしょにいても、不安で落ち着かなかった」そうですが、磁石の陽と陽が反発するようなものだったのでしょう。

さよさんを成仏させると、彼は本来の陽にもどりました。

私には、彼はふつうに結婚して家庭をつくれると思われます。ゲイ同士では子供は出来ません。幸せな人生を歩んでほしいと思います。

◆84歳のおじいさんの前世療法

おじいさんのお孫さんにあたるお嬢さんが、サロンにやってきました。

「お父さんがおじいさんをひどい目に遭わせるのは、どうしてでしょうか？」

というご相談でした。前世療法で前世のトラウマをとれば変わる、とお話ししてから、１回目のカウンセリングを終了しました。

しかし、家に帰ると、いつものように父親が暴れていました。

米びつを投げてひっくり返したそうです。ところが、いつもだったらそのままなのに、10分ほどしてもどってくると「さっきはごめんね」と言って、お米を片づけだしたとか。これには家族全員がびっくりしたそうです。

２回目のカウンセリングで、お嬢さんはおじいさんを連れてきました。

私は正直、びっくりしました。若い人なら「前世療法」という言葉に対してそれほど抵抗を示しませんが、おじいさんの世代の人は必ず胡散《うさん》臭い目で見ます。信用されないかもしれない、大丈夫かしら、と思いながらスタートしました。

しかし、そんな心配がいらないほど、とても素直な方でした。

最初に出てきたのは前世ではなく、現世のおじいさんの若いころの姿。お孫さんも、おじいさんが若いころに家にお手伝いさんがいたとは知りませんでした。

ひと通り、現世の振り返りをしてから前世に入っていきました。

おじいさんはエジプトにいました。自分のお店を持って、まじめに働くやさしい青年。そんな息子が母親は大好きでした。ところが、息子にやきもちを焼いた父親（いまの息子＝お父さん）が、その店を壊してしまったのです。

しかたがないので、それからほかの村に行き、畑をつくり、結婚して一生おだやかに暮らしました。前世では親子が逆転していますが、まじめで温厚な性格はまちがいなくおじいさんそのものでした。

前世療法のあと、お父さんはおじいさんにひどいことをしなくなったそうです。ほんとうにステキなおじいさんでしたから、幸せになってほしいと願っています。

◆前世療法で運命がどんどん好転

そのクライアントはパン屋さんで、ドラムの先生でもあり、神主さんの資格も持っています。

前世療法で出てきたのは、中世のお城でした。玄関には槍を持った真鍮《しんちゅう》の騎士が立っていて、その脇の階段をのぼるかわいいお姫様が彼でした。

思わず、彼は「これ、俺!?」などと言うので、私は「いまあなた、お姫様なんだから、俺って言わないの」と落ち着かせました。

そのお姫様は、父親がさじを投げるほどの、やんちゃ姫。やんちゃぶりがすぎて、最後は落ちぶれて城を手放すはめになりました。その後、ふつうの主婦として暮らしていました。

しかし、どうもすっきりしません。やんちゃ姫は母親と会っていないのです。そこで、彼女の3歳まで時間をもどしていくと、そこにはお母さんが大好きな少女がいました。幼くしてお母さんを病気で亡くしてしまい、彼女は心が荒れてしまったとわかりました。

調べてみると、私のサロンにパン屋さんを連れてきた知人の方が、その母親でした。現世でも彼の未来を心配して連れてこられたのでしょう。

もう一つ不思議だったのは、前世療法の最後に見た5年後の未来の映像です。彼はなぜか、ファーストクラスの飛行機の中にいました。このときは理由がわかりませんでした。

ちなみに、彼の両親の意識レベルを調べてみると、ともに150。セッション後、いつものように父親を病院へ連れていき、自宅に帰ると、母親が「ありがとうね」とガソリン代を3千円くれたそうです。

母親はいままで、文句こそ言っても「ありがとう」などと言ったことはなく、お金をくれるなど、ありえなかったそうです。また、いままで家庭に目を向けなかった彼自身にも変化が起きて、「そういえば、キャベツがなくなったって言ってたな」と、気をきかせて買って帰ったりするようになりました。すると、母親がまた「ありがとうね」と言うので、うれしくてどんどん家のことをするようになりました。

しばらくすると、ある中国人から「パンの技術を教えにきてほしい」という話が持ち上がりました。もしかしたら、これがきっかけとなって、ほんとうに5年後にはファーストクラスの飛行機に乗っているかもしれませんね。

運命が好転した人をもう一人紹介します。

離婚したあとで子育てをしながら仕事をしていましたが、仕事をやめることになり、これからどうやって生きていったらいいのかわからないと悩んでいた女性がいました。彼女は私の「運を開くためには動きなさい」というアドバイスを素直に聞いて、いつもなら参加しない同窓会に行ってみたそうです。

そこから実際に運が開いてお店を持つ運びになり、支えてあげたい彼も出来ました。「前世療法を受けてほんとうに変わった」としみじみ話す姿が印象的でした。セッションを終えると、強くなったなと感じる人が多く見られます。みなさんの成功と幸せを心からお祈りしています。

【霊障解除のケース】

◆魂融合によるアスペルガー症候群

ヨーロッパでは、ヒーラーの存在が国から認められていて、お医者さんと同等の扱いをされて活躍しているようです。しかし、日本ではときに怪しい存在として誤解されてしまうのは悲しいことです。

私のサロンには、オープン以来、お医者さんのクライアントが30名以上こられています。西洋医学に携わるみなさんが信じてくださるのがとてもありがたく、うれしく思います。

奥様がアスペルガー症候群で、ずっと悩んでいたお医者さんがいました。

いいときもあるとはいえ、ほとんど毎日のようにコロコロと性格が変わります。家に帰るといつもと雰囲気がちがい、危険を感じたときもありましたが、これまでなんとか医師の経験を活かして冷静に対処してきました。

しかし、同時に「これは医学では治せない」という限界も思い知らされ、サロンに来られたのです。

アスペルガー症候群は「魂融合」といって、魂の中に多数の霊が入り込み、日替わりでそのときにいちばん強い霊が出てくる状態です。多重人格症もやはり同じ魂融合で、憑依よりも重症です。なによりも、霊に乗っとられているご本人がとてもつらい状態にあります。

先ほどの奥様のケースでは、私が霊を祓って処置すると、その後は症状も出ず、ふつうに過ごせているということでした。

セッションの最後に、いつもカードメッセージをいただくのですが、「いまは語らずに静かにときがくるのを待ちましょう」でした。いつもカードがナイスクロージングをしてくれていて、セッション中に言った言葉がそのまま出てきて、文章として説明してくださるのでとても助かっています。カードは、1回目は観音カード、タロット、ラブカード、クリスタル占い、星座占いｅｔｃ．……そのときの状態で、カードでクロージングします。

◆リストカットに導く悪い霊

Sさんは、私が見たなかでも、かなり重症のお嬢さんでした。水頭症で生まれ、頭に金属を入れていました。頭痛がひどく、ベッドから起きられない日が続くと、あまりのつらさからリストカットに走ってしまいます。お母さんも、いつ娘さんがリストカットするのかわからないので、二人ともたいへんな精神状態に追い込まれていました。

Sさんには性質《たち》の悪い霊が憑いていました。私には幽霊は見えませんが、ダウジングで検索して確認したうえでお祓いできます。この日もSさんのお祓いをすませました。

ふつうの霊はすぐに浄化されるのですが、霊の性質が悪い場合、効果が出るのに49日近くかかってしまいます。私も心配で、何度かお母さんにメールで確認したところ、「セッション後に1度だけリストカットしてしまった」とのこと。霊も、最後のあがきで本人を連れて行こうとしたようです。

ようやく49日が経ったころ、お母さんから感謝のメールが入ってきました。

「娘がニコニコして『いままで頭が痛くてお母さんとお話ができなかったけど、これからはいままでのぶんもいっぱい話して、アルバイトもするからね』と言ってくれました。ありがとうございました」

Sさんは公立高校に入学してがんばっています。私にも彼女の一つ年上の子供がいるので、他人事とは思えません。

ほんとうにありがとうございました、と、私も神様にお礼を申し上げました。

◆不眠に悩まされる霊体質の女性

Tさん（女性）は子供のころから霊が見えていました。

同級生の仲のいい友達も見える体質だったので、よく学校でいっしょに霊を見かけたそうです。

ほかの友達の背中に水子の霊がついているのがわかったときがありました。そこで、「〇〇ちゃん、見て。この子の手、ちっちゃくってかわいいね」と二人でしゃべっていたら、クラス中からへんな目で見られてしまったらしく、見えていても人前では言ってはいけないと思ったそうです。

Tさんによれば、幽霊に対しても見えていると悟られてはいけないらしく、絶対に目を合わせてはいけないと言います。見えていることがわかると、足をひっぱられたり、髪をひっぱられたりというように、ひどい目に遭うのだとか。

以下は、彼女から聞いた話です。

霊にも良い霊と悪い霊がいて、比較的新しい霊はほぼ人間と同様の形で存在しているのに、古い霊体は魑魅魍魎《ちみもうりょう》となり、黒い影の塊のようになっています。

Tさんはそれを「メノス様」と呼んでいました。家には小さなメノス様がいて、公園に行くと山のように大きなメノス様がいます。口を開くとものすごい数の魑魅魍魎が出てきて恐ろしいので、走って家に帰るそうです。

彼女の唯一の理解者は、やさしい霊の「ミキティー」。ミキティーは落ち込んだときに抱きしめてくれました。それでも、とうとうストレスで夜も寝られない状態になり、Tさんはサロンにいらしたのです。

ダウジングで検索してみると、Tさんの家には無数の不成仏霊がいました。そこで、まずは霊を祓って波動を上げて帰しました。

その日、Tさんが家に帰ってみると、いつも出てくる5、6体の霊が出なくなりました。「家中の電気が電球を換えたばかりのように明るい」とも感じました。

その日から彼女は、何年かぶりにぐっすり眠れるようになりました。

◆なぜかお風呂場に髪の毛が

「いつも体調がすぐれません。このままいったら、生活保護かもしれません」

40代独身女性のUさんが悩みを打ち明けてくれました。

検索してみると、なんと生体エネルギーが1％を切っていました。

ショートカットのUさん。髪の毛は洗面所で洗っていました。それなのに、なぜかいつもお風呂場に長い髪の毛がたまっていて、わけもわからないままに、いつも捨てていたそうです。部屋にやってきた知人から「女性の幽霊がいるのを見た」とも聞かされました。

そこで私が検索すると、家にたくさんの不成仏霊がいるのがわかりました。さっそくお祓いをしたところ、彼女の生体エネルギーも１００％にもどりました。

2回目に来られたUさんは、別人かと思うほど若く、元気になっていました。

そして、こんなことを話してくれました。

ある日、いつものようにお風呂場で掃除をしていると、浴室に黒い人影が見えたと思ったら、壁沿いにオレンジ色の10センチくらいのきれいな玉がのぼっていき、ふっと消えたそうです。

Uさんの家にいた霊を祓って49日たったので、成仏されたのだと思います。

「いままでとり憑いてごめんなさい。やっと成仏できます、ありがとうございます」

というメッセージなのでしょう。きっと、お風呂で亡くなって苦しかったのでしょう。

そんな話をすると、「先生、恐ろしいこと言わないで」などと、いまさら怖がっているUさん。「髪の毛を捨てるときには怖くなかったのに、いなくなったいま怖がってもしょうがないでしょう」と言っておきました。

その後、元気になった彼女を見て、たくさんのお友達がサロンに来てくださいました。

【先祖供養のケース】

◆子孫どころではないというご先祖様もいる

先祖供養が必要な場合、その方の2代前の4家筋を浄化していくのですが、きちんとお供養できていない場合が多々あります。

家系によってはまったく霊界の存在を信じていないため、「死んだら終わり」と思っている方がほとんどで、霊界に逝《い》けていない方がたくさんいらっしゃるのです。

ですから、クライアントがご先祖様に護ってもらいたくても、肝心のご先祖様が子孫どころではなく、自分たちが救われたいので余裕がないという状態です。そういう家系のご子孫は、離婚、家庭内のトラブルなどでたいへんな状態です。

でも、ご先祖様が救われれば、子孫も救われていきます。

あるお嬢さんが先祖供養をされたケースでは、お母様がわざわざサロンまで来られました。

「玄関におばさまをはじめとして、大勢のご先祖様も雲に乗って現れました。みんな、にっこり笑ってスーッと上がっていったのです」。このことをお伝えしたくて来たそうです。

これからは、お嬢さんの人生もきっと良くなっていくでしょう。

第四章　明るく楽しく幸せになろう

経験値が少ない人とうまくつきあうには

「いま起こっている現象は、すべて自分から発した結果である」ということをご存知ですか。これを「万物鏡の法則」といいます。

鏡に映った顔の汚れをとるとき、鏡を拭く人はいません。まずは自分の顔の汚れをとります。それといっしょで、自分を受け入れてほしかったら、まず自分が相手を受け入れてみましょう。

相手が意地悪ならこちらも意地悪で返すという行動は、目には目を、歯には歯を方式となり、いつまでたっても解決しません。こちらが対抗して意地悪になれば、よけいに向かってきます。

150の人はなぜ自分が悪いのかわかりませんから、何度も同じあやまちをくりかえします。人間としての経験値がないから、しかたがないのです。そのうえ、「俺様いちばん！」という行動や発言をするので、勘違いもはなはだしく、怒りたくなるのもムリはありません。

そんなときは、同じ土俵に立つのではなく、ちょっとはなれてみましょう。同じところにいるからぶつかるので、どちらかが上になればぶつかりません。150の人には、「あんたが大将!」と言ってあげると機嫌がよくなります。

最近、私のサロンではクライアントのみなさんが人間のレベルをよく認識できるようになりました。ある人がこんなことを言いました。

「いままでは、人ができないと腹が立っていたのですが、狐やタヌキが人のお面をつけているんだと思うと、おかしくて怒れなくなりました」

また、ある人は「あの人は150よね」とあきらめて、腹を立ててもしかたがないと気持ちを切り替えています。

レベルが上の人はケンカをしません。ほかに別の世界があり、楽しみも持っていますから、そこに執着しません。心当たりのあるあなたもどうか、上手に生きていってください。

幸せになりたいなら、意識レベルの合う人と

結婚が破綻したほとんどのケースで見受けられるのが、意識レベル700の人と150の人の組み合わせです。サロンでもいちばん多い相談内容です。

どうしていっしょになったのか聞いてみると、ある人はこんなことを言います。

「気がついたら、いつのまにか、いたみたいな感じです。ふつうだったら警戒するのですけど、人なつっこく寄ってきました。どうしていっしょになったのかわからないほど、結婚が早かったです」

また、ある人はこんなことを言います。

「いっしょになったとたんに、人が変わったように私にひどい扱いをしはじめました。それまでいい人を演じていたんですね」

家族になったら、なにをしてもいいのでしょうか。人としての幸せがなにかわかっていないから、そんな行動をとるのでしょう。ＤＶ、ケチ、ほかの女性に走る、お酒

に溺れる、借金を山ほどつくる、ギャンブルに溺れる……など、700の人から見れば、なんでこんなことになってしまったのだろう、という気持ちでしょう。

700の人はやさしいので、「(自分たちの)子供が大きくなれば変わるのではないかしら」「歳をとったら変わるのではないかしら」と、ついつい我慢してしまいます。しかし、150は死ぬまで150です。根本は変わりません。

もちろん、先に述べたように、150の人がすべて悪いというのではありません。なかにはピュアで一生懸命な人、母性本能をくすぐるタイプの人もいます。そのような、大きく包み込んであげられるタイプの人ならよいのです。

しかし、発想が唐突だったり、毎日、日替わりで言うことがちがっていたりして、まわりにとって理解不能な行動パターンをとる人がいます。そもそも人間というよりも動物的すぎて、とてもいっしょにいられない人も多いはずです。

700の人は、苦しい状況のなか、「だれかに相談するとしても、こんな恥ずかしい家庭の内情を他人に言えない」とためらうケースが多いようです。

まずは、いっしょになる前に気づいてください。

あなたが７００の人なら、１５０の人にかならず苦労させられます。結婚するのはかんたんで、離婚するのはたいへんなエネルギーが必要です。それでも、幸せになるために勇気を出して別れるのも一つの生きかたです。

現世で受けた過去世の報いをどうするか

「上司からすごくいじめられます。なにか原因があるのでしょうか」

こんな悩みを持つ、ある女性の前世を見てみました。

前世でメイドの長をしていた彼女の持ち場に、そばかすメガネのそそっかしい女の子が入ってきました。

雑巾がけをしていればバケツを蹴とばしてひっくりかえし、あたりを水浸しにしてしまい、シャンパングラスを磨かせれば落として割ってしまうなど、仕事がうまくできません。

メイド長は、そんなそばかすメガネの女の子を「どうしてあなたはそんなにそそっかしいの！」「ちゃんと見ているの？」としょっちゅう怒っていました。

しかし、あまりにきびしすぎるので、彼女自身もメイド長から降ろされ、人生の後半は繕いものばかりをさせられていました。

彼女の場合、前世で自分がそばかすメガネの女の子に発した言葉を、現世でいま、そのまま上司から言われているのです。そこで、前世を癒やして浄化してあげたところ、以後、彼女はまったく怒られなくなりました。

もう一つ、こんな例もあります。

子供が暴力を振るうので悩んでいたお母さんです。大事に育ててきたのにどうしてだろう、とご本人は困惑するばかりでした。

前世療法の結果、前世もやはり親子、関係も同じ母と子だったことが判明しました。その時代のお母さんは淡々と生きた方でしたが、お子さんの躾にはきびしかったようです。手をあげたこともたびたびで、そのときに叩かれたお子さんが、現世で再び子供に生まれ変わり、母親を困らせる問題を引き起こしていたのです。

ご本人にわけがわからないのは、原因が現世ではなく、前世にあるからです。いま、自分に起きているすべてのことが己から発したものであり、そのまま自分に返ってきているのです。

たとえば、現世、完全犯罪で捕まることなく逃れても、かならず来世では仕返しされます。相手側の恨みが消えないかぎり、因果は必ず巡《めぐ》るのです。

相手が「許さん」と言ったら、それがあなたにとっての罪です。その人が許してくれるまであやまって、相手が納得してくれて気が済んだら、それで終わりです。罪が消えます。

そのために役立つ言葉があります。

ごめんなさい。

許してください。

ありがとう。

感謝しています。

愛しています。

この言葉を心を込めて言うことです。

本人に自覚がない場合でも、親子など身近な逃れようのない関係として相手が仕返ししてくるケースがあります。そこへもってきて、その土地にいる不成仏霊が加担するような事態になれば、ひどいことになります。

心当たりのある方は、この言葉をお題目のように言って、実行してみてください。状況が好転していくかもしれません。

短命と知りつつも生まれてくる人とは

人間は事故やけがなどで亡くなると、完全な身体で霊界に行けません。

その場合、バラバラになった身体が再生するまで、霊界で一定期間過ごして浄化しなくてはいけません。

しかし、本人がどうしても会いたい人がいる場合、浄化が不十分のまま生まれてきてしまう魂があります。

たとえば、小児麻痺で生まれたある女の子は、おばあちゃんが大好きでした。

前世では事故で亡くなり、まだ再生不十分でしたが、「いま、このお母さんのお腹に入らないと大好きなおばあちゃんと会えない」とわかっていたので、あえて生まれてきました。

不思議なことに、ほかの人ではぐずって扱いにくいのに、おばあちゃんがあやすとニコニコとうれしそうにしていました。

また、若くて癌で亡くなったある女性は、お母さんが大好きだったため、命が短いのを承知で生まれてきたことがのちにわかりました。

短命、小児麻痺の人の存命中は、なるべく好きな人と一緒にさせてあげて、死後は安らかに冥福を祈りましょう。一応納得して生まれてきているのと、霊界が故郷《ふるさと》で、こちら（現界）が出先で修業する場なので不幸と思わないでください。

病院で亡くなった人には、声かけを忘れずに

「お父さんが十七回忌を迎えるのですが、成仏していますか？」

このようなご相談を受けるケースもあります。

検索してみると、「成仏していない」とわかりました。どこにいるのだろう、と見ていくと、なんとまだ病院にいました。病院にたくさん霊がいるのは、みなさんご存知だと思います。その理由は以下のようなものです。

死の覚悟がなく、突然に亡くなられた場合、ご本人には自覚がありませんから、魂が抜けてさまよっている状態です。

しかし、病院では遺体を1時間で撤去しないといけません。遺族の方もオロオロしたまま、遺体とともに自宅へ帰るケースがほとんどです。ここで、死の自覚がないと魂が抜けてさまよっているうちに、戻るべき身体がないので、病院にとどまってしまいます。

ですから、このときかならず、「お父さん帰るよ」と遺体にひとこと声をかけてください。すると、魂は遺体にくっついて帰れます。

今回のご相談で、十七回忌を迎えるお父さんが成仏していなかった理由としては、次のような事情がありました。

亡くなった日、病院とは「明日退院する」という話になっていて、亡くなったご本人が親戚中に電話して退院を伝えていたようです。

ところが、突然、容態が急変して亡くなってしまいました。家族もびっくりして迎えにいくしかなく、声をかけるゆとりもなかったそうです。

セッションでお父さんに成仏してもらうとき、お父さんから「オレはいったい、なんで死んだのだ?」と聞かれましたが、家族の方にも病名はわからないそうです。

病院でご家族が亡くなった場合、待合室の陰のところで、小さな声でいいですから姓名を2回呼んで、「○○○○さん、家に帰りますよ」というように声をかけてから、連れて帰りましょう。

それから、49日間、故人の好きなものをお供えしてください。仏教では49日、神道では50日を境に霊界に行きます。その間、7日ごとに裁判があり、霊界の行き先が決まります。この期間に、故人のいいところをたくさん思い出してあげるのが、いちばんいいお供養になるでしょう。

ペットが亡くなったときも同じです。

私のペットのトムが死んだときでしたが、階段をドドドッと上がる音が聞こえたり、帰って車から降りるといつものようにトムと同じ黒い影がお迎えに来てくれていました。それが、49日経つと消えました。そして、3カ月ぐらい経ったとき、私にはトムが白いシャム猫に生まれ変わったのがわかりました。

来世のあなたのために自殺してはならない

人間は自分でプログラムを決めて生まれてくるといいます。

家族、顔かたち、寿命などを選び、「今回はこの課題をクリアしてきます」と宣言します。ですから、自殺した人は神様にウソをついたことになり、霊界にいけません。

6年間、パニック障害で寝たり起きたりの青年がいました。ある日、頸動脈《けいどうみゃく》が激しく動悸するために立っていられず、怖くなって引きこもったのがきっかけでした。

過去世のトラウマを解除するために、前世療法をおこないました。

リーディングで見ていくと、フェルナンドという男性が見えてきました。妻の自殺後、あとを追って自分も剣で頸動脈を切って死んだのでした。じつはそのお話は、宝塚の歌劇になっているくらいに有名です。

過去世で自殺している場合、現世でも死んだときの状態が続くため、とてもつらい経験をしなければなりません。この方は頸動脈を切って亡くなったのですが、その場所から血が噴き出した感覚が現世でも続いていました。

一般的に「死んだら終わり」などと言いますが、そうではありません。自殺したら、来世で「死にそうで死ねない」体験をしなくてはなりません。これはもう地獄です。青年には過去のあやまちに気づいてもらい、その結果、フェルナンドもやっと成仏できました。症状もいまはおさまっています。

自殺したあと、暗黒無明の凍結地獄に落ちた女性もいました。

この人の前世は、部族以外の人と結婚できない、閉鎖的な風習のある村の女性でした。年ごろになり、市場で知り合ったほかの村の男性と仲よくなりました。

やがて、彼が彼女を探して村にやってきましたが、村人に知られて彼は公開処刑されてしまいました。ショックを受けた彼女は、彼の後を追うように首を吊って自殺しました。

彼女の落ちた霊界は、地獄界60段中、下から2番目の「暗黒無明の凍結地獄」というひどいところでした。どういう理由であれ、自殺は殺人と同じですから、霊界でもひどいところに行ってしまうのです。

ちなみに、前世療法のあと、彼女も現世でそのときの彼と知り合うことができました。結婚後、無事に女の子を出産しています。

来世の自分のために、くれぐれも自殺など考えないようにしてください。道は必ずあります。

怒りや恨みの念を出さないように気をつける

怒りは自分の内臓を攻撃して、体を傷つけてしまいます。

よく中国や韓国で憤死したとありますが、最たる例と言えましょう。カーッとなると血管に過剰に血が流れ、破れたり切れたりするようです。

知り合いの書道の先生にこんな話があります。

この方は、書くだけでなく、表装も自分でされる方でしたが、ある日、裏打ちをしたあと、カッターで裏紙を切る段階になったとき、内側に張り込んで失敗してしまいました。

思わずカーッとなったそのとき、頭の中でブチッ、という音がしたそうです。

直後、先生は倒れて脳梗塞になってしまいました。これを見ると、完璧主義の人が起きやすい症状かもしれません。

ほかの方ではこんな話もあります。

食べ物を飲み込めなくなり、胃に穴を開ける「胃ろう」で栄養をとっている方がいました。ふだんは温厚な方なのですが、たいへん怒っていたある日、ちょうど胃にあけた穴のところから出血して、シャツが血で真っ赤に汚れてしまったそうです。

それほど怒りは自分の内臓にダメージを与えてしまうのですね。

怒りの原因を探れば、思い通りにならなかった、あらぬ誤解を受けた、相手の説明不足だった、自分がわがままだった、自分が短気だった、などさまざまです。怒りは人間関係や絆をこわします。

こんなときには、どうしてだろうと考えるゆとりが欲しいものです。

怒ったらまず、なにも考えずに10秒数えてみましょう。それから、なんでそうなったのかを考えてみましょう。短気な人は「そんなゆとりがあるか！」と、もう怒っているかもしれませんね。

怒りにまかせてとった行動は、たいていよくない結果に終わります。なぜなら、怒りは破壊のエネルギーだからです。どうぞ、心おだやかにお過ごしください。

怒りが、妬み、恨みに向かう人もいます。

そこで問題になるのが「生霊」です。その人が発する妬み、恨みがある特定の人にたいしてとどくのが生霊です。

ある独身男性のセッションをしているときでした。

部屋のあちこちやベッドにマイナスの念があったので、なんだろうと思い、検索してみたところ、それは別れた女性の念でした。男女間でお互い引かれ合う感情が、生霊になっていたようです。

念の強い人は思っただけで相手にとどきます。飛ばす人と飛ばさない人がいますが、本人が飛ばしている意識がないところが問題です。

受けた人は具合が悪くなります。この場合、性質《たち》が悪いのは、祓っても祓っても、相手が思っただけで飛んできますから、キリがありません。くれぐれも念を残さないように。特に男女間ではきれいに別れることが大切です。

輪廻転生は国や時代を超えてくりかえす

初めて来たところなのに、1度見た景色のような気がする。夢のなかで会った人たちに、以前、会ったような記憶がある。登場人物がまったくちがうけれど、この場所は以前に来たような気がする。そんな経験はありませんか？

かつて、カナダ旅行を計画したときでした。

ある方から「この旅行にはなにか意味がありますね」と言われました。その後、旅行も終わりに近づき、もう少しで帰国するというのに、私は旅行の意味がまだなにもわからずにいたので、少し焦っていました。

そんなとき、バスから見る景色と空気に、はっとしたのです。

初めて前世療法を受けたときの内容を思い出しました。

私は、アメリカの南北戦争時代、大尉の娘として生まれました。大人になって結婚して住んでいたのが、いま見ているような場所。テレビドラマの「大草原の小さな家」

のような景色です。おとなりの家まで4キロかかる、家族だけで生きる、さびしい一生を過ごした場所でした。

家族構成は、父（現世の夫）、母（現世の母）、姉（現世の長女）、息子（現世の夫の弟）、息子の嫁（現世の次女）でした。現世の次女に言わせると、「なんで叔父ちゃんと私が夫婦なの」と怒りますが、ソウルメイトは「一座でいろいろな役をしながらいっしょに転生している仲間」なのですから、身近な存在になりえるのです。

旅行先でなに気なく立ち寄ったり、行ってみたいと思ったりする場所、興味深い歴史上の人物などは、きっと前世で関わったご縁のある土地や人たちなのでしょう。

私たちは、いろいろな国や時代に生まれて、輪廻転生をくりかえしています。そのときの子孫が現世でいま生きているとしたら、ほんとうに世界は一つ、ワンネスの考えが理解できると思います。

世界中の人が幸せでありますようにと、祈らずにはいられません。

宇宙的な前世を持つ人々もいる

かつて、私のダウジングの先生と仲間たちで、九州のパワースポットを巡る旅行をしたことがあります。

前世療法を習ったばかりのころで、ダウジングの先生に「僕の前世をぜひ見てください」と言われたので、その夜、旅館で先生の前世療法をやってみました。

ところが、前世療法で出てきたのは宇宙人。人間以外の前世などありえないと思い、私はこのときテキストを投げ飛ばしてしまったほどです。

そこで見えたのは、次のような光景でした。

宇宙空間をベルト・コンベアのようなものに乗って偵察する、2匹の宇宙人がいました。2匹と書いたのは、蟻状の身体で背中にリュックを背負っているという、奇妙な格好だったからです。

さらにわかったのは、熊本県の阿蘇にある押戸石に描いてある絵と同じ宇宙人だったということです。

彼らは地図らしきものを広げて、地球のある太陽系のほうを指さして「エネルギーバランスがおかしい」などと言っていました。

ダウジングの先生が現世で人間に生まれてきたのは、宇宙人時代の活動の延長としての役目だったようです。しかも、先生は「あっ、そうだった。押戸石にレプタリアンを封じ込めたのは自分だった」などと言い出しました。

私は半信半疑でした。

それからしばらくたったころ、先生の知り合いの若い男性が「ぜひ自分も見てほしい」と言うので前世を見てみました。

すると、なんと先ほどの映像に出てきた蟻の身体をしたもう一匹の宇宙人だったのです。宇宙人も地球を心配してくれているのですね。ちなみに、先生の話では「いい宇宙人と悪い宇宙人がいるから気をつけて」とのことです。

最近いらしたクライアントも変わっていました。

その人の前世は、宇宙にさまよう魂のような存在でした。さまよっているうちに、隕石に出合ったり、知り合いの魂に出合ったりしたようです。

地球の猿人に生まれたときの話もしてくれました。

猿人が話すときは、体を揺すりながら「ウホ、ウホ」と口をとがらせて会話するそうです。そののち、いろいろな存在になりながら、現在に至っているとか。

ちなみに、生まれ変わりのスピードは人によって異なります。

すぐ生まれ変わる人もいれば、ゆっくり生まれ変わる人もいて、千差万別です。また、何回生まれ変わっても学ばない人もいれば、逆に1度の人生で一気にレベルを上げる人もいます。

チャンスをつかむ人、逃す人

不幸になる人は、神様に愛されていない人かもしれません。

でも、気づけば救われる人もいます。うまくいかないのはすべて人のせいだと思う人、不平不満の多い人は、やはり不幸です。サロンに来てパワーが上がっても、感謝できる人とできない人がいますが、両者には大きなちがいが出ます。

Aさん、Bさんという二人の男性で比較してみましょう。何回か前世療法を受けられてトラウマもとれ、ともに結婚したいと思っているという点では同じです。

まずはAさん。

「Aさんの運気は4月がいい」とわかったので、合コンに行ってみては、とおすすめしたのが4月4日でした。さっそく次の日に申し込まれて、4月8日のパーティーに行くことになりました。

その日の夜、11時半ごろサロンのチャイムがピンポーンと鳴ったので、私はすぐに報告に来たのだとわかりました。そこでドアを開けると、なんと出会ったばかりの彼女がいっしょでした。

その人は中学の数学教師で、こんな美人が残っていたのか、とびっくりするくらいの方でした。お互い気にいったようで、その後、8月18日にハワイで挙式、9月にはヒルトンホテルで披露宴。翌年に長男が生まれて、今年は二人目長女が出来ました。

今度は家も建てるとか。Aさんはとんとん拍子に幸せを手にしたのです。

さて、もう一人のBさん。

顔もイケメンですし、結婚の時期にも来ているのですが、合コンをすすめたものの、「自分のお嫁さんは自分で決めるから」とことわられました。

このままではいい運気が終わってしまう、と思いましたが、こちらが焦ってもしかたありません。あれから、今年で5年が経過してしまい、運気は最低の30点の場所、今になって動いていますが、結果が出ません。

この二人のちがいはなんでしょうか。

Aさんは素直に動いて結果を出しました。Bさんは動かないからなにも起こらないのです。時期も大切です。チャンスの時期に動けば、ラクに決まります。動かないで時期を逃すと運気も下がるので、神様もなかなか味方をしてくれなくなります。

大学受験で「100％合格」と保証されても、努力しなくてはやはり落ちます。

神様は慢心がおきらいです。最後の最後まで謙虚に努力して、素直に実行することが開運の鍵なのだと思います。

引き寄せの法則

「引き寄せの法則」は、神様の絶対法則の一つです。

絶対こうなる、と思ったらそのようになりますよね。ですから、ふだんなに気なく使う言葉も注意しましょう。

「どうせ私はこうなるに決まっている」と口にする人がいます。「そうなりたいですか?」と聞けば、「だって、そうなるもん」などと答えます。ネガティブな思考のクセがあるからネガティブな人生になるのです。

ネガティブな言葉を思わず言ってしまったら、「キャンセル、キャンセル、神様聞いていませんでしたよね」と言って否定しておきましょう。思うだけでもダメです。心配事もやめましょう。

能天気と言われても、プラス思考でいいことを引き寄せましょう。

ネガティブな人は、いやな人がいると「相手に罰を与えてください」と考える傾向がありますが、罰は願ったあなたにやってきますから、注意してください。悪い人への罰は神様がしてくださることで、時間はかかりますが、かならずわからせてくださいます。安心して忘れてしまいましょう。

また、幸せを引き寄せるには、日々のおこないも大事です。

そのために霊層界を理解しておいてください。

その人の幸、不幸を決定する魂の存在するところが霊層界です。罪けがれが少なく軽い魂は上のほうに、罪けがれの多い魂は下のほうにあります。この魂の位置によって幸、不幸が決定されます。人によっては徳がある、ないという判断の基準にもなります。

地球の核から地上までが地獄60段、地上から成層圏までが60段、成層圏から宇宙までが60段。そのどこかに自分の魂の位置があります。

相談にこられたある女性の霊層界の位置は、地獄の20段でした。前の彼はＤＶをくりかえす人で、いまの彼は意識レベルが７００あるものの、薬物中毒でした。

私には、いまの彼が２カ月後に捕まり、すぐにいい人と出会えることがわかったので、その旨を伝えると、ほんとうにその通りになりました。
ところが、彼女は新しい彼がちょっと不満です。

「（彼が）ナルシストなので、もっといい人がいい！」などとしきりに言います。セッション後、彼女は霊層界が70段まで上がり、やっと地獄から出たところ。もっと上げるためには、自分が徳を積むことと、自分のトラウマを解除すること以外にありません。

せっかく上がったのに、あいかわらずの考えかたや不平不満から、再び落ちていく方も多いものです。いつも神様に見られていることを意識して、悪い心は改め、よいおこない、よい言葉を口にする習慣を続ければ、きっといい方向に導いてくださるでしょう。

幸運を引き寄せてください。

使命とともに生きる

本書を書くにあたって、まず伊勢神宮に参拝しました。

五十鈴川《いすずがわ》にかかっている橋を渡ったとたん、川が結界になっているのがわかりました。その後、五十鈴川で手を清めて奥へと進むと、それまで鳴っていなかった雅楽が聞こえてきました。御神前に進むと、中が見えないように、神殿には白い垂れ幕が下がっており、その前で参拝することになりました。

参拝が終わって顔を上げると、ちょうど垂れ幕が90度風で舞い上がり、御神前が目の前に現れ、中を拝見できました。そのとき、不思議な感じがして、今回のお願い事、無事本が出版の運びになりますようにという願いを聞いてくださったのだと思いました。

伊勢神宮の2年前に、霧島神社（鹿児島県霧島市）にも参拝しました。このときも、お参りをした直後に太鼓が鳴り出して、天孫降臨の神楽が始まり不思議な思いをしました。

伊勢神宮は日本の祖で、一生に1度はお参りすべきと言われています。天照大神は太陽を神格化した神様であり、日の本の神様でもあります。国旗が日の丸なのも、今回すんなりと納得できました。

魂は、動物から人間になって、生まれ変わりながら経験値を積み重ね、国籍もちがえば性別も異なるかたちで生まれ変わります。そして最後には、個人的な愛ではなく、人類を守るための最終国籍の子孫の守護霊となり、3次元から4次元へと移っていきます。

現世でとてもくやしい思いをしている人もいるでしょう。

でも、だいじょうぶです。「己から発したものは、かならず返ってくる」の法則で、神様がかならず仇をとってくださるからです。いま、この瞬間、刈りとられているところかもしれません。ですから、そこにとらわれないようにしてください。恨みを抱いたままでは、せっかく生まれてきた甲斐がないではありませんか。

どんな苦労があっても、いま、この瞬間を精いっぱい生きていきましょう。この世はカルマによる修行の場です。それをどうとらえてどう乗り越えていくか、が私たちのテーマです。

自分のあやまちを早く謝罪して、心の底から改善できたら、人が変わっていくのは早いのです。そこがわかれば、人生観も大きく変わります。神様のお仕組みか、人間が望んだのか、定かではありませんが、輪廻転生とは進化そのものである気がします。

神様の言葉がわかる人から、「あなたは時間と空間を自由に扱うことができる」と言われました。時間とは前世療法、空間とは幽体離脱をもどせる能力を意味するのかと思います。

いま、すでに痛みがあれば別ですが、それ以外は、考えかたを変えるだけで苦しみを乗り越えられる可能性はあるのです。

あなたもご自分の使命について、考えてみませんか。

第五章　歴史上の人物に見る魂レベル

邪馬台国の女王　卑弥呼

中国の歴史書「魏志倭人伝」に登場する邪馬台国の女王。呪術をもって乱れていた邪馬台国をよく治めていたといわれています。

「卑弥呼は『鬼道』を事とし、能《よ》く衆を惑はす」とあります。卑弥呼はシャーマンとして鬼道（呪術）をもって国を治めたということになります。

中国が魏・呉・蜀に分かれていた三国時代魏王朝の正式な歴史書が「魏書」です。この魏書の中の倭国（日本）に触れた部分のことを「魏志倭人伝」と呼びます。この中で卑弥呼が「親魏倭王《しんぎわおう》」の称号を得たことがわかります。

その卑弥呼は700の正神界の人です。今は皆さん進化して、700レベルの人は多いですが、民衆平均レベル250のこの時代、相当進化した人間として崇められていたのではないかと推察されます。数の法則で、同じレベルが群衆化しますから、「能く衆を惑はす」ということは、250レベルの人たちを700レベルの卑弥呼がカリスマ的に治めたということで、納得できます。

卑弥呼が死んだ後、邪馬台国は男王が治めたものの、争いが絶えなかったそうです。

彼女のカリスマ性が偉大であったことがわかります。

古代日本の指導者　聖徳太子（574～622年）

聖徳太子は、604年に十七条憲法を定めたといわれています。その内容は、豪族や役人が守るべき心得を示したもので、第一条には「和をもって貴しと為す」とあり、その他には、仏教を敬うことや天皇の命令に従うことなどがあります。冠位十二階を定めていますが、その内訳は、徳・仁・礼・信・義・智の六種類が大小に分かれて十二階となります。

推古天皇の摂政として飛鳥文化を開花させ、遣隋使の派遣や法隆寺の金堂・五重塔（世界最古の木造建築）を築いたとされています。

聖徳太子には、さまざまな伝説があります。10人の人の話を1度に聞いて理解したなど、そのカリスマ的指導者の資質は700正神界であり、同じく推古天皇も蘇我馬子も、ともに700正神界です。この3人が力を合わせ政治をおこなっていたので、飛鳥時代は安定していたのでしょう。

聖徳太子の思想の根底には、氏《うじ》（家柄）ではなく個人の功績や才能に応じて冠位が与えられるといった平等の思想が強く、この時代は平和だったと推察されます。

小野妹子

６０７年～６０８年、遣隋使として隋に渡り煬帝に謁見しました。妹子が携えていた国書には「日出づる処の天子、書を日没する処の天子に致す」とあり、これを読んだ煬帝が不快に思い、危うく妹子は流刑に処されそうになったと日本書紀にあります。

隋は煬帝によって５８１年に建国され、５８９年に中国を統一した王朝です。文帝の子、煬帝は黄河と長江を結ぶ大運河を完成させせましたが、１００万人以上の人が労役に駆り出され、高句麗へのたび重なる遠征もあり、国力が衰えた結果、６１８年、唐により滅ぼされました。

隋が滅び、唐が興った後も日本は唐に対して正式な外交使節を８９４年まで続けていました。

小野妹子が６００正神界、文帝は７００正神界、煬帝は５００中ですから、煬帝は徳がなく、人のことが理解できなかったため、唐に滅ぼされたのでしょう。

天智天皇（中大兄皇子《なかのおおえのおうじ》）

６４５年、中大兄皇子と中臣鎌足《なかとみかまたり》（藤原鎌足）らが蘇我氏を討った後、孝徳天皇のもとに発せられた大化の改新によって、皇族や豪族の支配下の土地・人民を公地公民として戸籍を作成し、中央集権国家として「班田収授法」を施行しました。

班田収授法とは、戸籍に基づいて6歳以上の男女に口分田《くぶんでん》を与え、死ぬと国に返還させる制度です。口分田の面積に応じて「租」という税が課せられました。

中大兄皇子は、近江大津宮に遷都し、６６８年に即位して天智天皇となります。

白鳳文化の歌人として有名な額田 王《ぬかたのおおきみ》は、天智天皇の弟の大海人皇子に嫁いだとされていますが、天智天皇に奪われたという説もあります。

天智天皇が７００正神界、大海人皇子が５００中、額田王が７００正神界なので、天智天皇と額田王とはお互いに引かれ合ったのでしょう。

中臣鎌足

日本書紀によると、中大兄皇子が法興寺（飛鳥寺）で蹴鞠《けまり》をしているとき、落とした履物を鎌足が拾ったのがきっかけで親しくなったと書かれています。

６４５年、中臣鎌足と中大兄皇子が、蘇我倉山田石川麻呂《そがのくらやまだのいしかわまろ》らと協力して、当時権勢をふるっていた蘇我蝦夷《そがのえみし》・入鹿《いるか》の父子を倒しました。

この政変を乙巳《いっし》の変と呼んでいます。

蘇我氏は、渡来人と結びつきの強いヤマト政権の豪族で、朝廷では財政を担当していました。仏教を積極的に受容し、仏教排斥を主張する物部氏と対立した蘇我稲目《そがのいなめ》や、物部守屋《もののべのもりや》を倒した蘇我馬子《そがのうまこ》などが有名です。

中臣鎌足は、天智天皇から「藤原」の姓と「大織冠」という官位を授けられました。

鎌足の子供が藤原不比等で、大宝律令の制定（７０１年）、平城京への遷都（７１４年）、養老律令の編纂などを主導しました。

また、娘を天皇に嫁がせて天皇家との関係を深めました。これをきっかけに、奈良時代、平安時代と摂関政治をおこない、繁栄していきます。

中大兄皇子が７００正神界、中臣鎌足が７００正神界ですから、二人の出会いは劇的でした。

蘇我家も、蘇我稲目、蘇我馬子はともに７００正神界でした。仏教を排斥した物部守屋が７００魔界ですから、蘇我氏は物部氏を倒したのでしょう。

しかし、蘇我蝦夷・入鹿父子は、財政を担当している間に欲に溺れ魔界に落ちていったのでしょう。ともに７００魔界でした。

藤原不比等は７００正神界でしたから、彼の功績によって藤原家は繁栄に導かれたのだと思われます。

天武天皇（大海人皇子《おおあまのおうじ》）

天智天皇が没した翌年の６７２年に、天智天皇の弟、大海人皇子と天智天皇の子、大友皇子《おおとものおうじ》が皇位を争って激突しました。これが壬申《じんしん》の乱です。吉野にいた大海人皇子は、美濃を本拠地とし、東国の軍勢を味方につけ、終始優位に立ちます。大友皇子の近江朝廷側は内部不統一だったこともあり、敗れました。

壬申の乱に勝利した大海人皇子は飛鳥浄御原宮《あすかきよみはらのみや》を造営し、翌673年に即位します。これが天武天皇です。天武天皇は強い権力を握った人物で、飛鳥浄御原は現在の奈良県明日村周辺にあったと考えられています。この都で飛鳥浄御原令の編纂が開始されました。

天武天皇は、天皇中心の中央集権化を推し進めます。その中の一つが八色《やくさ》の姓《かばね》です。八色の姓とは、「真人《まひと》」「朝臣《あそみ》」「宿禰《すくね》」「忌寸《いみき》」「道師《みちのし》」「臣《おみ》」「連《むらじ》」「稲置《いなぎ》」の八つの姓のことで、皇族との関係の深さを基準として豪族たちを新たに序列化したものです。

天武天皇の皇后は、天智天皇の皇女で、天武天皇の死後、690年に持統天皇として即位します。天武天皇の政策を引継ぎ、戸籍である庚寅年籍《こういんねんじゃく》の作成、藤原京への遷都（694年）など、律令国家への建設に力を尽くしました。

天武天皇の魂レベルは500正神界。大海人皇子の時は500中だったのですが、天皇という地位が彼を正しく導いて、その結果、上がったものと考えられます。

人間、向上すれば神となり、陥落すれば獣となるの例で、その時の状態で変化します。壬申の乱で敗れた大友皇子は700中でした。中だったので内部が統一できなかったのでしょうか。

持統天皇は７００中でした。「中」の人は、その時に強い人についていくので、正も魔もないのです。

聖武天皇

文武天皇の皇子で、母は藤原不比等の娘、宮子。全国に国分寺、国分尼寺を造営し、大仏造立《だいぶつぞうりゅう》の詔《みことのり》を、紫香楽宮《しがらきのみや》（滋賀県）で出します。仏教に深く帰依していた聖武天皇は、社会不安を仏教の力を借りることで治めようとしたのです。東大寺（奈良県）の大仏は７５２年に完成しました。

聖武天皇の御代《みよ》に実権を握った長屋王《ながやおう》は、不比等の子の４兄弟（藤原四子）の策略で自殺させられます。しかし疫病が流行し、４兄弟は亡くなります。その後、橘《たちばなの》諸兄《もろえ》が実権を握りますが、これに対し藤原広嗣が反乱を起こすなど、世情不安定だったため、聖武天皇は遷都をくりかえし、災いから逃れようとしました。聖武天皇が亡くなったのち、光明皇太后（藤原不比等の娘）によって東大寺と正倉院に天皇愛用の品々が納められました。

橘諸兄の死後、聖武天皇の娘である孝謙天皇のもと、藤原仲麻呂（恵美押勝）が実権を握ります。譲位した孝謙上皇の信を得た僧の道鏡が台頭すると、仲麻呂はこれに対して挙兵しましたが、失敗に終わります。孝謙上皇は再び皇位に就いて称徳天皇となり、道教に皇位を譲ろうとします。しかし、失敗して、道教は下野国《しもつけのくに》（栃木県）に追放されます。

文武天皇、聖武天皇、ともに７００正神界で、長屋王は５００魔界でした。それを藤原４子７００正神界が自殺させたことになります。

橘諸兄は７００正神界。反乱を起こした藤原広嗣は７００中。光明皇太后、孝謙天皇が７００正神界、藤原仲麻呂、道教は７００中でした。

中の人は、神の導きが得られないのか、中途半端な人生で終わるようです。

鑑真

８世紀、聖武天皇の時代を中心とする文化が天平文化です。遣唐使が盛んに大陸の進んだ文化を持ち帰ったことで、国際色豊かな文化が栄えました。遣唐使として渡った学問僧、栄叡《ようえい》らの懇請によって渡日を決意し、5度も渡航に失敗し視力を失うも、753年に日本に到達した鑑真は、仏法だけではなく、薬草の知識などももたらしました。東大寺に初めて戒壇《かいだん》（戒律を授けるための場所）を築きます。

また、759年には唐招提寺を創建しました。

鑑真の死の直前に弟子が彫ったと伝わる鑑真の木造彫刻は、日本最古の削像彫刻とされています。

遣唐使として渡った栄叡、鑑真はともに700正神界の人たちなので、お互いに他国籍人でありながらも通じ合うものがあったのでしょう。

桓武天皇

781年に即位した桓武天皇は、政治を立て直すため、仏教勢力が強い奈良の平城京を離れて784年に現在の京都府向日市長岡京に遷都します。しかし翌年、建設責任者の藤原種継の暗殺に関与したとされた早良親王《さわらしんのう》の怨霊が、桓武天皇の親族に不幸を招いていると考えられ、794年には平安京に遷都しました。

この時代に、最澄、空海が遣唐使とともに唐に渡り、仏教を学び日本に帰国した後、それぞれ天台宗、真言宗を開きます。

最澄が建てた寺院が比叡山の延暦寺、空海が建てた寺院が高野山の金剛峰寺です。

嵯峨天皇は、桓武天皇の皇子で809年に即位しました。兄の平城太上天皇が平城京遷都と天皇の座を狙った薬子の変の際、藤原冬嗣《ふゆつぐ》を蔵人頭《くろうどのとう》という天皇の秘書官長の役職に命じています。

桓武天皇は、東北地方の蝦夷《えみ》の征討や地方制作の変革などをおこなっています。

桓武天皇700正神界、暗殺された藤原種継700正神界で、それを企てた早良親王が500魔界。

魔界は、嫉妬、金欲、色欲などへの執着が度を越して、そこから離れられなくなり、魔界に落ちていくもので、聖君といわれる方々が正神界で正しく導いてくださっているのはほんとうにありがたいことだと思います。

平城太上天皇が700魔界でした。兄である自分がなれなかったという怒りから、魔界に落ちたのでしょう。正神界の人は、人を幸せに導き、魔界は人を不幸に導きます。

最澄、空海ともに７００正神界の人です。志が高く、日本に仏教を広めました。

嵯峨天皇、藤原冬嗣も７００正神界でした。

藤原道長

天皇が幼少のころ、代わりに政治を執る役職を摂政《せっしょう》、成人した天皇を補佐して政務をおこなう役職を関白《かんぱく》と呼びます。藤原氏は娘を天皇に嫁がせ、誕生した子を天皇として、外戚として摂政・関白に就き、実質的な政治権力を独占しました。これが摂関政治で、藤原道長とその子頼道の時が最盛期です。

藤原冬嗣が嵯峨天皇の信任を得、娘を天皇の妃とします。冬嗣の子の藤原良房は、８５８年に９歳の清和天皇が即位すると、母方の祖父として実質上の摂政となります。これは皇族以外では初めての就任です。良房の養子の藤原基経は、８８４年に光孝天皇が即位すると実質上、初めての関白となります。

藤原氏は、全国に所有する荘園から莫大な収入を得ていました。荘園とは、貴族や寺社が私有する土地のことです。

藤原道長は、4人の娘をそれぞれ一条、三条、後一条、後朱雀《ごすざく》天皇に嫁がせ、自身は天皇の外戚として絶大な権力を握ります。

同時代の公卿《くぎょう》藤原実資の日記「小右記」には、「この世をば　我世とぞ思ふ　望月の　かけたることも　無しと思へば」という歌で自らの繁栄を満月にたとえている道長の姿が描かれています。

この項の登場人物は、すべて700正神界の人でした。700正神界の人は、相手を思いやり、問題を起こすことはまずありません。望月の歌のたとえどおり、満月は必ず欠けていくので、この繁栄が長く続かないことを予感していたのかもしれません。

紫式部

平安時代中期の女流作家、歌人。一条天皇の中宮彰子《しょうし》に仕えました。全54帖からなる長編小説「源氏物語」の作者として知られています。

10～11世紀の文化を国風文化と呼びます。それまでの中国風の文化を消化し、より日本の風土や考え方に合った文化が生まれたのです。建物では、藤原頼道による平等院鳳凰堂《びょうどういんほうおうどう》、文学では、勅撰《ちょくせん》和歌集の「古今和歌集《こきんわかしゅう》」「伊勢物語」「竹取物語」「土佐日記」が有名です。

「紫式部日記」の中に、紫式部が清少納言のことを「賢ぶっているけれども勉強不足である」と書いている箇所があります。

長編小説の「源氏物語」は、主人公の光源氏《ひかるげんじ》が多くの女性たちとの恋愛を繰り広げつつ栄華を極める第一部、源氏が世の無情を感じて世を去る第二部、源氏没後の子供たちの恋と人生を描いた第三部に分かれていて、日本文学に多大な影響を与えました。

一条天皇、中宮彰子、紫式部、すべて700正神界でした。

清少納言

平安時代の歌人だった清原元輔の娘として生まれ、一条天皇の皇后、定子に仕えました。

清少納言が記した「枕草子」は300余の章段からなる随筆集で、四季の風景や、清少納言が定子に仕えたころの経験が書かれています。

鎌倉時代の鴨長明の「方丈記《ほうじょうき》」、吉田兼好の「徒然草《つれづれぐさ》」とあわせて、日本三大随筆とされています。

一条天皇、鴨長明が700正神界。

清少納言700中。

清原元輔、一条天皇の皇后定子、吉田兼好600正神界でした。

平清盛

平清盛は、伊勢の平氏の棟梁、平忠盛の長男として生まれました。1156（保元6）年、鳥羽法皇が亡くなると、崇徳上皇は、関白藤原忠通と争っていた左大臣藤原頼長と結び、源為義や平忠正ら武士を動員して、鳥羽法皇の後を継いだ後白河天皇に乱を起こしました。後白河天皇方は、源義朝（為義の子）や平清盛を擁して上皇を攻撃し、勝利しました。これが保元の乱です。

保元の乱の後、実権を握ったのは院近臣藤原通憲《みちのり》と平清盛でした。これに不満を持った院近臣藤原信頼は、清盛と対立していた源義朝と結び、１１５９（平治元）年に挙兵します。これが平治の乱です。清盛の反撃にあって藤原信頼、源義朝方は敗れます。義朝の子、源頼朝は伊豆に流されました。

清盛は、平治の乱の後、後白河法皇のもとで昇進し、１１６７年には武士として初めて太政大臣《だじょうだいじん》となり、平氏一門も高位高官に就きます。

また、清盛は、後白河法皇の皇子高倉天皇に自分の娘を嫁がせ、その子供（安徳天皇）が即位したとき、天皇の外戚となっています。

しかし、やがて平氏は朝廷に対して強圧的になり、貴族や大寺院、地方の武士の反感を招きます。

鳥羽法皇、崇徳上皇はともに７００正神界。

後白河天皇、関白藤原忠通はともに７００中。温度差が保元の乱に発展したかもしれません。

左大臣藤原頼長は700中。中の人は真がありませんから、強い方に流れる傾向があります。

源為義、平忠正、源義朝、平清盛、藤原道憲《みちのり》、藤原信頼、源頼朝、高倉天皇、安徳天皇、以上はすべて700正神界ですが、上が争えば戦わなくてはならなかったのでしょう。時代の流れでしょうか。

源義経

源義朝の子で、源頼朝の異母弟。幼名は牛若丸。1180年、後白河天皇の皇子以《もち》仁王《ひとおう》らが平氏打倒の挙兵をし、諸国の武士にも兵を挙げるように呼びかけます。

これに応じた伊豆の源頼朝や木曽の源義仲らが挙兵します。源義経も兄頼朝に合流し、摂津の一の谷の戦い、讃岐の屋島の戦いで平氏に勝利。1185年3月に長門の壇ノ浦（現在山口県下関市）で最終決戦がおこなわれ、平氏一門の多くが入水し、安徳天皇もこの時に亡くなりました。

壇ノ浦の戦いで平氏を滅ぼした後、頼朝と仲違いをすることになり、奥州の平泉に落ちのびます。

欧州の藤原家は、初代の清衡《きよひら》から2代目基衡《もとひら》、3代目秀衡《ひでひら》と、約100年にわたって奥羽地方で繁栄しました。頼朝の不興を買った義経を受け入れた秀衡が病死すると、4代目泰衡《やすひら》は頼朝の圧力に屈し、義経を自害に追い込みます。

やがて、義経をかくまっていたことを理由に征討され、奥州藤原氏は滅亡します。

木曽の源義仲も、一の谷の戦い、讃岐の屋島の戦いの功績が認められ、1184年に征夷大将軍に任じられるのですが、後白河法皇と対立し、同年、京都宇治川の戦いで、源頼朝の弟、源範頼《のりより》、義経軍によって敗北します。

1180年に挙兵したときには、以仁王、源頼朝、義仲、義経ともに700正神界ですが、1183年ごろから、討たれる方も、討つ方も、ともに全員700中になっていました。疑心暗鬼の心がともに芽生え、時の流れに逆らえず、無念の内に動かされていたということでしょうか。

平家物語の「盛者必衰の理《ことわり》」をあらわすものなのでしょう。

平治の乱で、頼朝は伊豆に流されただけでしたが、平氏一族を皆殺しにしたのは、すでに頼朝が魔界に落ちていたからです。

北条政子

北条時政の娘。源頼朝の妻となり、頼朝の死後、大きな力をふるい、「尼将軍」と呼ばれました。鎌倉幕府の初代執権が北条時政です。2代が政子の弟の北条義時です。1221年、承久の乱では、後鳥羽上皇は義時を追討する命令を出しますが、敗れて隠岐へ流されました。

3代執権は、北条義時の子北条泰時《やすとき》です。

後鳥羽上皇700中。

北条時政、義時、泰時ともに700正神界。

北条政子だけが150正神界でした。

意識レベル150は、輪廻が浅いことをあらわしています。頼朝とはわかり合えない仲だったと思います。頼朝も、もう少しレベルの高い女性といたら、あそこまで闇に落ちていなかったかもしれません。

足利尊氏《あしかがたかうじ》

１３３３年、後醍醐《ごだいご》天皇は鎌倉幕府を滅亡させて建武の新政をはじめましたが、武家社会の慣習は無視され、武士たちの不満を招きました。足利尊氏が新政権に反旗を翻し、１３３８年、室町幕府を開きます。室町幕府は、１５７３年、第15代将軍足利義昭が織田信長によって京を追放されるまで、およそ２４０年間続きます。

足利尊氏の魂レベルは７００正神界。後醍醐天皇は５００正神界で、お互い袂《たもと》を分かつ関係だったことがうかがえます。

足利義満

室町幕府の第3代将軍。後醍醐天皇が吉野に逃れて南朝を樹立しましたが、足利義満の時に南北朝の合体を達成し、山名氏清《やまなうじきよ》や大内義弘《おおうちよしひろ》などの強大な守護大名を討って幕府支配を安定させました。とんち話で有名な一休宗純《いっきゅうそうじゅん》は、後小松天皇の実子だったといわれています。

足利義満、一休宗純、後小松天皇すべて７００正神界。

山名氏清、大内義弘ともに700中。

武田信玄

甲斐国の戦国大名。風林火山で有名ライバル上杉謙信とは5度にわたって対峙し、上洛を目前にして1573年に死去しました。

川中島の戦いでは、1661年4回目の対峙で武田、上杉軍合わせて7000人以上の死者を出すほどの大激戦になりましたが、結局決着をつけることができませんでした。「敵に塩を送る」という故事は、謙信がライバルの信玄に塩を送ったという話から来ているそうです。

武田信玄、上杉謙信ともに700正神界。

織田信長

織田信長は、桶狭間の戦いで、駿河の今川義元《いまがわよしもと》を倒し、次に美濃《みの》の斎藤氏を滅ぼすと、天下布武という印章を使用し、初めて武力で天下を統一する意思を明らかにします。自分を頼ってきた足利義昭を室町幕府の第15代将軍としますが、１５７３年、義昭を京都から追放し、室町幕府を滅亡させます。

１５７５年、長篠合戦《ながしのかっせん》で、信長と徳川家康の連合軍は、鉄砲を効果的に使い、武田勝頼（武田信玄の子）を破りました。翌１５７６年、近江の安土に築いた城が安土城です。全国統一の拠点となりました。１５８０年、信長は石山本願寺を屈服させ、11年にも及ぶ石山戦争は終結します。

しかし、１５８２年、京都本能寺で家臣明智《あけち》光秀に背かれ落命します（本能寺の変）。光秀は三日後、野武士に打たれて死んだとされています。

近世の扉を開いた革新的な信長は１５０正神界の人で、今まで見たこともない動物龍神から人となった人物です。人と人との通過儀礼を嫌い、激情型で、いま言ったことをすぐに覆す性格を、明智光秀（７００正神界）は理解できず、殺される前に裏切ったのだと思われます。

豊臣秀吉

秀吉は尾張国に生まれ、織田信長に仕え、1583年信長の死後、柴田勝家を賤ヶ《しずが》岳《たけ》の戦いで破り、大坂城を築城します。翌1584年には、織田信勝《おだのぶかつ》（信長の子）、徳川家康と戦いますが（小牧・長久手の戦い）、和睦します。

1584年に四国、1587年に九州を平定、1590年に小田原の北条氏を滅ぼし、東北も平定して全国を統一しました。天下統一を達成したあと、2度にわたる朝鮮侵略をおこないました。1592年（文禄の役）と1597年（慶長の役）です。

結局失敗に終わり、豊臣氏の勢力を弱める結果になりました。

織田信雄《のぶかつ》600正神界、豊臣秀吉300正神界で、信長150正神界にとって秀吉はいちばんわかり合える仲ではなかったでしょうか。お互い近い存在で、秀吉は信長のカリスマ性にあこがれ、それゆえ彼に尽くして生きたのでしょう。

次に、おおよその戦国武将たちを書き出してみました。

石田三成700正、直江兼続700正、森蘭丸150正、伊達政宗700正、真田幸村700正、真田昌幸700正、濃姫700正、黒田官兵衛700正、長曾我部元親８００正、黒田長政７００正、加藤清正７００正、淀殿１５０正、毛利元就７００正、前田利家７００正、浅井長政７００正、お市の方１５０正、福島正則９００正、小西行長６００正、松永弾正７００魔。

千利休

千利休はもともと和泉国、堺の豪商の出身です。喫茶の習慣は禅宗寺院によってはじめられ、南北朝時代のころ、多人数で集まる娯楽的な茶会の茶寄合や、茶の味を飲み分ける闘茶が流行しました。東山文化のころ、村田珠光《じゅこう》は茶の湯をより簡素で思想性の高いものに発展させます。これが侘茶《わびちゃ》の始まりです。

侘茶は堺の武野紹鷗《じょうおう》を経て、千利休が大成させました。

茶の湯は、戦国大名たちの間で大流行します。茶道がさかんになると、茶番、庭園づくりも発達します。朝鮮侵略の際に大名たちが連れ帰った朝鮮人陶工《とうこう》によって、有田焼や薩摩焼、萩焼などの焼物も始まりました。

千利休７００正神界。

村田珠光700正神界。

武野紹鷗700正神界。

草庵茶室と侘茶を完成させた千利休は、人としてどうあるべきか問う思想家でもありました。質素を旨とし、心を尽くしてもてなす侘茶の心を、レベル300の秀吉がわかるはずもなく、結局、疎まれて処刑されたのだと思われます。

つくづく、トップがよくないと、よい人材も伸びないのだと残念に思います。これも世の常で仕方ないことなのでしょうか。

徳川家康

三河出身。今川義元の人質でしたが、のちに織田信長と同盟を結びます。豊臣秀吉の死後、石田三成を中心とする西軍と関ヶ原で戦い、西軍を打ち破ります。

その後、1614年に、秀吉が創建した京都の方広寺の鐘《しょう》銘に記された文字を口実として秀頼を攻めたのが、大坂冬の陣で、1度は和睦の後、難攻不落であった大坂城の堀を埋めさせ、翌大坂夏の陣で秀頼、淀君母子を滅ぼしました。

1603年、江戸幕府を開き、1605年、実子の徳川秀忠に将軍職を世襲《せしゅう》させます。

◆五大老

上杉景勝700中、毛利輝元700中、前田利家700中、宇喜多秀家700中、徳川家康700正。

◆五奉行

浅野長政700中、石田三成700正、増田長盛700正、長束正家700正、前田玄以700中。

豊臣秀頼150中、淀君150中。

秀吉の死後、「中」が増えていったのがわかります。

徳川家光

第2代将軍、秀忠の次男。1623年、江戸幕府の第3代将軍に就任しました。

1615年、江戸幕府は大名統制として武家諸法度《ぶけしょはっと》を発します。以後、将軍が変わるごとに発令されます。1635年徳川家光の時代の寛永令では、幕府によって参勤交代が制度化されました。

これは、大名の妻子が江戸に住むことを強制し、大名には1年おきに江戸と国元に居住することを義務づけたものでした。

1639年には、ポルトガル船の来航が禁止され、1641年に平戸にあったオランダ商館が長崎の出島に移され、日本は「鎖国」の状態になりました。

1612年、江戸幕府はキリスト教信仰を禁止する禁教令を出し、翌年には全国に及ぼしました。1673年、肥前国《ひぜんのくに》島原と肥後国《ひごのくに》天草地方で、天草四郎時貞を首領とする一揆「島原の乱」が起こります。幕府はこの一揆を鎮圧し、踏み絵の強化や宗門改めで信仰調査をし、人々を寺院に檀家《だんか》として所属させ、キリシタンでないという証明をする寺請制度を実施し、キリスト教を厳しく禁止しました。

家光の時代に、栃木県日光にある徳川家康を祀《まつ》った日光東照宮を造築しています。

徳川秀忠700中。

徳川家光700正神界。

天草四郎時貞700正神界。

一揆を起こしても、神に通じていれば正神界で、弾圧によって心が迷うと中になるのでしょう。当時のキリスト教信者は、どれだけ厳しく弾圧されようとも信念を貫きましたが、その姿はやはり正神界そのものなのです。

徳川綱吉

徳川幕府第5代将軍。彼が1685年に発令した動物愛護令を「生類憐《しょうるい》みの令」といいます。動物全般の殺生を厳しく戒めたもので、綱吉が戌《いぬ》年生まれであったためか、特に犬を保護させたことから「犬公方《いぬくぼう》」と呼ばれました。生類憐みの令は、綱吉が死んだ1709年に廃止されました。

1701年、赤穂藩主、浅野内匠頭長矩《ながのり》が吉良上野介義央《よしなか》に刃傷沙汰に及び、浅野は切腹となり、不満を覚えた赤穂浪士《あこうろうし》が翌年吉良を討った忠臣蔵は、歌舞伎にもなりました。

徳川家綱700正、徳川綱吉700正、浅野長矩700中、吉良義央700正、大石蔵乃介700正、大石主税700正、清水一学700正、堀部安兵衛700正。

松尾芭蕉

江戸時代前期の俳人。「蕉風《しょうふう》（正風）」と呼ばれる格調高い句風を確立しました。

1689年春、芭蕉は門人の曽良《そら》を伴って江戸深川を出発し、東北、北陸を経て美濃国大垣に至る道程を記録したのが、俳諧紀行文「奥の細道」です。

芭蕉は、華やかな生活よりも欲を捨て、花鳥風月を友とする生き方に憧れていきます。

その姿勢は俳諧を芸術に高めたとされ、後世「俳聖」と称されました。

芭蕉の句に「夏草や兵《つわもの》どもが夢の跡」とありますが、これは芭蕉が平泉の地で、奥州藤原氏や源義経一行のことを詠んだ句です。

松尾芭蕉700正神界。

曽良300正神界。

徳川吉宗

江戸幕府8代将軍。紀伊藩第2代藩主。徳川光貞の4男として誕生、紀伊藩主を経て、将軍位を継ぎました。

1716年8代将軍吉宗は、質素倹約を旨とする享保《きょうほう》の改革を行い、1721年に評定所の門前に投書箱である「目安箱」を設置して（目安とはわかりやすくしたものの意味）庶民の訴状文書の投書を直接受けつけました。

役人の綱紀《こうき》粛正《しゅくせい》と民意を直接政策に反映させることが狙いです。目安箱の投書によって貧しい病人を救済するための小石川療養所が建てられました。

吉宗によって江戸町奉行に抜擢された大岡忠相《ただすけ》は市政の改革に努め、町火消を常設します。

また吉宗は、青木昆陽らを登用し、蘭語（オランダ語）を学ばせました。これは蘭学の発展のきっかけとなりました。

徳川光貞700正神界。

徳川吉宗700正神界。

大岡忠相７００正神界。
青木昆陽７００正神界。

田沼意次《おきつぐ》

田沼意次は、９代将軍家重《いえしげ》の小姓を経て、10代将軍家治《いえはる》の時代、１７７２年に老中に就任しました。

彼は、商人の資金で印旛沼《いんばぬま》や手賀沼《てがぬま》の大規模な干拓工事をおこない、新田開発に取り組みましたが、完成間近に利根川の大洪水に遭い、失敗に終わってしまいます。

１７８２年からの冷害や浅間山大噴火によって、東北地方を中心に米価が暴騰し、膨大な数の餓死者を出しました。これが天明の大飢饉で、家治が死去すると失脚しました。

商人の力を借りた田沼政治は、経済活動が活発になった一方で、賄賂が横行する結果となり、政治が乱れてしまいました。

徳川家重（９代将軍）７００正神界。

徳川家治《いえはる》（10代将軍）７００正神界。

田沼意次５００中。

国乱れれば天乱れる、の言葉通りの出来事でした。

松平定信

11代将軍徳川家斉《いえなり》の時代、１７８７年に松平定信は老中に就任すると、祖父である徳川吉宗の政治を理想とし、天明の飢饉を受けた農村の復興を重点目標とした寛政の改革をはじめました。役人への賄賂を禁止したクリーンな政治は一定の評価を得ますが、倹約令や厳しい政治は人々の反感を買いました。

徳川家斉（11代将軍）７００正神界。

松平定信７００中。

水野忠邦《ただくに》

１８４１年に徳川家斉が死去すると、水野忠邦は天保《てんぽう》の改革をはじめます。忠邦は、倹約励行《けんやくれいこう》、綱紀粛正《こうきしゅくせい》などを掲げて人々の生活に対し無数の禁止令を出しましたが、厳しすぎてわずか2年あまりで失脚しました。

水野忠邦７００中。

伊能忠敬《いのうただたか》

１８２１年、伊能忠敬は日本の街道や海岸線を歩いて測量しました。そうやって作成した地図は、現代のものと同じくらい正確なものでした。忠敬が高橋至時《よしとき》の弟子になったのは、50歳を過ぎてから。実際の測量の旅に出たのは55歳になってからです。10回にわたる測量の旅で歩いたのは4万キロ、地球一周の長さです。こうして「大日《だいに》本沿海輿地全図《ほんえんかいよちぜんず》」が出来上がりました。

伊能忠敬７００正神界。

高橋至時７００正神界。

歌川（安藤）広重

江戸の火消同心《ひけしどうしん》の子に生まれ、東海道の宿場町の風景や風俗を旅情豊かに描いた浮世絵木版画が、歌川（安藤）広重の「東海道五十三次」です。１８３２～１８３３年に描かれたとされます。詩情あふれる風景版画の連作で名をなし、花鳥画にも新境地を開きました。広重の浮世絵は遠くヨーロッパの画壇にも影響を与えました。特に19世紀後半のフランスで始まった印象派の画家たちは強いインスピレーションを受けたようです。ゴッホもその一人で、広重の作品を模写したものが、残っています。

１８５８年にコレラが大流行し、江戸だけでも10万人が亡くなったとする記録もあります。

広重も、この年にコレラで命を落としました。

歌川（安藤）広重７００正神界。

ゴッホ４００正神界。

ペリー

1853年、アメリカは中国との貿易船や捕鯨船の寄港地として日本を利用しようと考え、浦賀に4隻の黒船を率いて来航しました。

1854年、幕府はアメリカの強硬な姿勢に屈して「日米和親条約」を結びます。その後、イギリス、ロシア、オランダと和親条約を結び、鎖国は終わりました。

ペリー700正神界。

井伊直弼《なおすけ》

1858年、幕府大老として、アメリカ総領事ハリスとの間で結ばれた日米修好通商条約に調印しました。この時期、13代情軍の後継者をめぐる南紀派と一橋派の対立、南紀派の井伊直弼は大老になると朝廷の許可なく修好通商条約を結び、南紀派が推す徳川慶福《よしとみ》を後継者にします。慶福は14代将軍に就任すると家茂《いえもち》と名を改めます。一橋派や尊王攘夷《そんのうじょういい》派志士らからの非難が高まると、井伊は反対派を弾圧（安政の大獄）、長州藩の吉田松陰《しょういん》らを処刑しました。

１８６０年、安政の大獄に反発した水戸藩などの尊攘《そんじょう》派《は》浪士たちが江戸城の桜田門外で井伊を襲撃、暗殺します（桜田門外の変）。

井伊の暗殺後、老中首座となった安藤信正は、朝廷と幕府提携をはかる公武合体により政治を安定させようとしますが、１８６２年に坂下門外の変で襲われて挫折します。

井伊直弼７００中。
ハリス７００中。
徳川家持（14代将軍）７００中。
吉田松陰８００正神界。
安藤信正７００中。

坂本龍馬

坂本龍馬は、土佐藩の郷士《ごうし》という身分の出身です。神戸海軍操練所で航海術を学び、長崎で商社（後の海援隊《かいえんたい》）を設立しました。

「尊王《そんのう》」とは、天皇を敬う考え方、「攘夷《じょうい》」とは外国人を排斥するという思想です。

１８６３年、長州藩は、下関を通る外国船を砲撃します。しかしその翌年、外国からの報復を受けます。薩摩藩も、島津久光一行が、横浜近くの生麦でイギリス人を殺傷した事件（生麦事件）の報復で起こった薩英戦争で手痛い打撃を受けます。結果、攘夷が不可能だと認識して、１８６６年、坂本龍馬らの仲介により、薩摩藩と長州藩の間で同盟が成立します。

幕末の土佐藩主山内豊重《やまうちとよしげ》は一橋派で、安政の大獄で弾圧されましたが、１８６７年、坂本龍馬や後藤象二郎《ごとうしょうじろう》らが献策した大政奉還を建議したあと、龍馬は暗殺されます。

坂本龍馬１５０正神界。

島津久光１５０正神界。

山内豊重７００正神界。

後藤象二郎７００正神界。

お龍《りょう》１５０正神界。

１８６６年、坂本龍馬は、妻のお龍と一緒に薩摩国を訪れています。これは日本最初の新婚旅行といわれています。

勝海舟

幕府旗本の家に生まれ、長崎の海軍伝習所に勝海舟、榎本武揚《えのもとたけあき》らが参加していました。

1864年、神戸海軍操練所を設け坂本龍馬などがここで訓練を受けました。

1868年1月、戊辰戦争《ぼしんせんそう》が始まり、旧幕府が鳥羽伏見の戦いで新政府軍に敗れると、15代将軍徳川慶喜《とくがわよしのぶ》は、江戸に逃れます。

慶喜を朝敵《ちょうてき》として追討しようとする新政府は、東征軍を発して江戸に迫ります。

勝海舟と東征軍の西郷隆盛が会談し、旧幕府側は、新政府側に江戸城を明け渡しました。

勝海舟700正神界。

榎本武揚700正神界。

木戸孝允《たかよし》（桂小五郎）

長州藩は、尊王攘夷派の中心として朝廷を動かしていましたが、1863年8月、薩摩藩、会津藩により京都を追われます。翌年、桂小五郎らの反対を抑え、勢力回復を狙う長州藩が京に攻め上ります（禁門の変）。長州藩は、薩摩、会津藩などに敗れて朝敵とされ、幕府は第一次長州征討を決めます。

1864年、第一次長州征討の翌月、長州藩は外国から四国艦隊下関砲撃事件も起こります。

長州藩は保守派が実権を握り、幕府と戦う前に恭順しますが、高杉晋作は吉田松陰の松下村塾で学んだ後、武士だけでなく農民や町人からも有志を募った奇兵隊を組織、山県有朋らとともに挙兵、藩政の主導権を保守派から奪います。幕府側は第二次長州征討しますが、薩長連合によって不利となり、将軍家茂《いえもち》の急死で中止になります。高杉晋作も幕府滅亡を見ることなく、1867年に病死しました。

木戸孝允（旧名桂小五郎）と大久保利通の建議で明治政府が発足しても、旧大名と藩はそのままだったので、彼らから土地と人民を返上させる版籍奉還《はんせきほうかん》が実施されました。

木戸孝允７００正神界。

高杉晋作７００正神界。

徳川慶喜《よしのぶ》

徳川慶喜は、水戸藩主徳川斉昭《なりあき》の7男として誕生しましたが、御三卿《ぎょう》（8代将軍吉宗が立てた田安家、一橋家、9代家重が立てた清水家の三家で、御三家と同様に将軍に後継者がいない時に将軍職を継ぐ資格を持ちました）の一家である一橋家を継ぎました。

水戸藩は御三家の一つで、2代藩主徳川光圀《みつくに》がはじめた歴史書「大日本史」の編纂を通じて、尊王思想を基本とする考え方が幕末の尊王攘夷運動の理念となりました。14代将軍徳川家持の死後、慶喜は15代将軍に就任します。しかし同盟を結んでいた薩摩、長州藩は、武力討幕を決意していました。

これに対して、公武合体（朝廷と幕府の定型をはかる）の立場をとっていた土佐藩の山内豊信《やまうちとよのぶ》は、慶喜に政権の返還をすすめます。これを大政奉還といい、1867年10月14日に朝廷に政権を返還しました。

徳川斉昭700正神界。

徳川光圀700正神界。

山内豊信700正神界。

徳川慶喜700正神界。

◆**徳川将軍15代**

初代家康700正、2代秀忠300正、3代家光700正、4代家綱700中、5代綱吉700正、6代家宣700正、7代家継600正、8代吉宗700正、9代家重700正、10代家治700中、11代家斉《いえなり》700正、12代家慶《いえよし》600中、13代家定《いえさだ》700正、14代家茂《いえもち》700中、15代慶喜《よしのぶ》700正

徳川家が家康から15代も続いた理由は、徹底した幕府の統治がうまくいっていたからなのでしょう。参勤交代と鎖国制度は、大名が力をつけることなく、元来農耕民族

である日本人の気質に合っていたのかもしれません。戦国時代で人々は戦が嫌になっていたため、この安定した時代を誰もこわそうとはしなかったのでしょう。他国を頼らず自給自足していたこのころの日本は、ある意味すごい国だったと思います。

明治維新は、時代の流れで、世界の中で孤立してはやっていけなかった近代の幕開けだったのでしょう。

明治天皇

明治天皇は、孝明天皇の第２皇子。１８６７年12月、薩摩藩、長州藩ら武力討幕派は、朝廷を動かして王政復古の大号令を発しました。明治天皇が即位し、幕府と摂政、関白制度の廃絶など、天皇中心の新政府樹立を宣言しました。

明治政府は、江戸時代の身分制度を廃止し、華族、士族、平民とします。

明治時代の前までは、同じ天皇の在位中であっても元号を変更することが珍しくありませんでしたが、明治政府は慶應４年を明治元年とし、天皇一代につき一元号にすることを定めました。１８６８年には江戸を東京とあらため、翌１８６９年に明治天皇は京都から東京に移っています。
明治天皇700正神界。

西郷隆盛

幕末、薩摩藩の第11代藩主島津斉彬《なりあきら》は、幕府の将軍継嗣《けいし》問題で一橋派として運動しました。斉彬によって西郷隆盛や大久保利通など、有能な人材が見出されました。王政復古の大号令の後、1868年1月から始まった旧幕府軍と新政府軍との戦いが戊辰《ぼしん》戦争です。京都の鳥羽・伏見の戦いに端を発し、4月には江戸城が開城されます。東北諸藩は奥羽越列藩《おううえつれっぱん》同盟を結成、新政府軍と戦いますが敗れ、1869年5月、函館の五稜郭《ごりょうかく》で旧幕府軍が降伏して戦争は終結します。西郷は戊辰戦争で参謀を務めました。

明治に入り、士族の特権が廃止される中、各地で不平士族の反乱が起こります。1876年に廃刀令が出され、廃藩置県で職を失った士族や華族に与えられていた家禄などの支給を廃止する秩禄処分《ちつろくしょぶん》が断行されると反乱が相次ぎ、1877年には西郷も決起し、西南戦争が勃発します。約7カ月の戦いの後、政府軍に敗れ自決しました。
この後、不平士族による反乱は終息します。

島津斉彬700正神界。
西郷隆盛700正→1876年に中。
大久保利通700正神界。

福沢諭吉

福沢諭吉は、豊前の国、中津藩士の子として生まれました。長崎で蘭学を学び、大阪にある緒方洪庵の塾で学んだ後、江戸に来て蘭学塾（今の慶應義塾）を開き、咸臨丸でアメリカへ行きました。その2年後には、幕府の使節に加わってヨーロッパをまわります。諭吉は「西洋事情」「学問のすすめ」などを出版して、明治の新しい文化をつくるのに大きな役割を果たしました。

明治に入ると、欧米文化が積極的に取り入れられ、人々の暮らしについても、人力車や馬車が走りガス灯も使用される文明開化が始まりました。

1872年、太陰太陽暦をやめ太陽暦を採用すると決められました。

緒方洪庵700正神界。

福沢諭吉700正神界。

板垣退助

土佐国（高知県）出身、戊辰戦争で活躍。明治六年の政変で下野《げや》した後、政府に国民の政治参加の権利を要求しました。これを自由民権運動といいます。

1881年、明治14年の政変の後、国会期成同盟を核にして自由党が結成され、板垣退助が総理（党首）に就任します。自由党はフランス流の急進的な民主主義を主張していましたが、当時の不況を背景に高利貸や役所等の書類を破棄した秩父事件が起こり、自由党は1884年解党しました、事件後、1万4000名が処罰され、7人に死刑判決が下されました。

板垣退助700正神界。

伊藤博文

山口県出身。1885年、内閣制度を整備、初代総理大臣に就任、1889年2月には大日本国憲法が発布されます。

1904年からの日露戦争後、1905年にはポーツマス条約を締結。その2カ月後、日本は大韓帝国を保護国化します（第二次日韓協約）。

この協定に基づいて漢城（現在のソウル特別市）に置かれた日本政府の代表機関が統監府で、伊藤博文が初代韓国統監に就任しましたが、安重根によって暗殺されました。

伊藤博文700正神界。

井上馨700正神界。

大隈重信

佐賀県出身。自由民権運動が盛り上がる中、政府でも国会の即時開設を主張する大隈重信と漸進主義の伊藤博文らが対立していました。

1881年、伊藤博文らは、明治14年の政変で大隈重信を政府から追放します。翌1882年、大隈重信を党首として、立憲改進党が結成されます。フランス流の自由党とは違い、立憲改進党はイギリス流の議会内閣制を主張し、尾崎行雄や犬養《いぬかい》毅《つよし》も参加していました。

1898年、大隈重信は内閣を組織します。日本最初の政党内閣とされ、内務大臣に板垣退助を据えますが、文相尾崎行雄が全権万能の現状を批判し、日本が共和制になったら三井、三菱が大統領候補になるだろうと言ったことによって尾崎は辞任、大隈重信はわずか四カ月で退陣しました。

1914年、第二次大隈内閣の時、第一次世界大戦が起こります。大隈内閣は大戦に参戦し、中国での利権を拡大するために、中華民国の袁世凱《えんせいがい》政府に二十一カ条の要求を認めさせます。

また、「学問の独立」などを唱え、東京専門学校を創設。1902年には、早稲田大学と改称されました。

大隈重信700正神界。

尾崎行雄500正神界。

山県有朋《ありとも》

山口県出身。幕末に松下村塾に入門していましたが、入塾後わずか数カ月で師の吉田松陰が入獄してしまいました。

しかし、生涯、「松下村塾」出身であることを誇りにしていました。

幕末には、奇兵隊の指揮官として倒幕に奔走。明治維新ののち、1872年（明治5年）に徴兵告諭が出され、翌年1月に国民皆兵の方針に基づき、満20歳以上の男性を兵役に就かせるための徴兵令が出されます。徴兵制は、もともと長州藩の大村益次郎が進めていましたが、大村の死後、同じ長州藩出身の山県有朋が実現させます。

明治維新の際に功績をあげた4藩（薩摩、長州、土佐、肥前）の出身者が実権を握った政府を「藩閥政府」といい、自由民権運動家たちから批判されました。なかでも薩摩藩と長州藩出身者が政府の要職を占めており、1885年の内閣制度発足後も、伊藤博文、黒田清隆、山県有朋など薩長出身者の多くが首相や元老になっています。

山形有朋７００正神界。
大村益次郎７００正神界。
黒田清隆７００正神界。

東郷平八郎

鹿児島県出身の海軍軍人。幕末、戊辰戦争に従軍、明治維新後は海軍士官としてイギリスに留学しました。

１９０４年2月、日本とロシアは、朝鮮の支配権をめぐり日露戦争をはじめました。１９０５年5月、ヨーロッパから回航してきたロシア最大のバルチック艦隊に対し、日本の連合艦隊は対馬海峡でこれを迎え撃ち、壊滅的な打撃を与えます。この時の司令長官だったのが東郷平八郎です。

日露戦争後、東郷平八郎の名声は世界的になりました。東洋の新興国日本が、大国ロシアの圧力に悩まされていた国々に勇気を与えました。

東郷平八郎７００正神界。

乃木希典600正神界。

与謝野晶子

明治から昭和にかけて活躍したロマン派女流歌人。1901年に発表した歌集が「みだれ髪」です。その内容は、封建的因習に対抗して、人間の情熱、特に恋愛感情を歌いあげています。晶子は、1900年に夫の与謝野鉄幹が創刊した文芸雑誌「明星」で活躍していました。1904年9月、彼女は「君死にたまふこと勿《なか》れ」という反戦詩を「明星」の中で発表します。当時は日露戦争のさなかでしたが、晶子は旅順《りょじゅん》包囲戦に従軍していた弟の身を案じて詠んだものです。

また、日露戦争の開始前にもキリスト教徒の内村鑑三や社会主義者の幸徳秋水らが戦争に対する非戦論や反戦論を唱えています。

与謝野晶子700正神界。
与謝野鉄幹700正神界。
内村鑑三600正神界。

幸徳秋水600正神界。

樋口一葉

明治時代の女流小説家。父の死後、母と妹を抱えて貧窮の中に生きました。師匠は半井《なからい》桃水《とうすい》で、彼は東京朝日新聞に入り小説を執筆、通俗小説家として名声を博した人物で、一葉は彼から小説や和歌を学びました。文筆活動はわずか4年ですが、名作「たけくらべ」「にごりえ」などを遺しました。

樋口一葉700正神界。

半井桃水700正神界。

夏目漱石

東京出身の小説家。東大英文科を卒業後、松山中学の教師を経てイギリスに留学、帰国後執筆活動を開始しました。

処女作は、大学予備門で同窓生だった正岡子規が活躍した短歌雑誌「ホトトギス」

誌上に1905年から連載された「吾輩は猫である」。その後「坊っちゃん」「草枕」と、立て続けに作品を発表し人気作家となりました。

晩年には「こころ」「明暗」など、人間の内面の葛藤をリアルに描く作品を書いています。

夏目漱石150正神界。

正岡子規700正神界。

森鴎外

島根県出身の明治、大正時代の文豪。東大医学部を卒業後、軍医としてドイツに留学。帰国して書いた小説「舞姫」が処女作で、ドイツ留学の経験を下敷きにして描かれたロマン主義的な作品です。また、アンデルセンの小説「即興詩人」なども翻訳し、晩年は「阿部一族」などの歴史小説でも新境地を開きました。

森鴎外は、文学者としての顔とは別に軍医としての顔をも持っていました。1907年には陸軍軍医総監に就任しています。

ドイツ留学中は、西欧の人々と交わってその生活を楽しみ、医学だけでなく、文学、哲学などの幅広い知識を学びました。

森鴎外７００正神界。

石川啄木

岩手県出身の明治時代の詩人。明星派のロマン派詩人として知られています。「一握の砂」の中では、病気と貧苦に苦しむ生活に即した短歌を発表しています。

彼の死後、１９１２年には第二歌集「悲しき玩具」が刊行されています。

石川啄木３００中。

野口英世

福島県出身の細菌学者。北里柴三郎が所長を務めていた伝染病研究所で、外国図書係として働いたのち、アメリカに渡ってロックフェラー研究所で梅毒の病原体を研究し、功績をあげます。

そののち、まだワクチンのなかった黄熱病の研究中に感染して命を落としました。
野口英世７００正神界。
北里柴三郎７００正神界。

犬養毅

岡山県出身の政治家。護憲運動で活躍。１９２９年に立憲政友会総裁になり、１９３１年には内閣総理大臣になります。政党に不満を抱く青年将校や右翼の動きが活発になり、１９３２年5月15日、海軍の青年将校の一団が首相官邸に乱入、暗殺されました（五・一五事件）。
犬養毅７００正神界。

高橋是清

東京出身の政治家。日本銀行の総裁をしたのち、大蔵大臣として手腕を発揮しました。

岡田啓介内閣時代の1936年2月26日未明、陸軍の天皇親政を目指す行動派の青年将校たちは、首相官邸、警視庁などを次々と襲撃しました。

岡田首相は助かりますが、斎藤実や高橋是清などが犠牲になりました（二・二六事件）。

高橋是清700正神界。

斎藤実600正神界。

東条英機

東京出身の軍人、政治家。第三次近衛文麿内閣の陸軍大臣を経て、1941年10月に首相になります。

翌月11月、アメリカは日本に満州事変以前の状態への復帰を要求する「ハル・ノート」を突き付け、日米交渉は決裂しました。翌12月8日、日本はハワイの真珠湾攻撃とマレー半島上陸作戦を開始、アメリカとイギリスに宣戦布告し、太平洋戦争がはじまったのです。

太平洋戦争初期の日本軍は優勢でしたが、１９４２年6月のミッドウェー海戦の敗北後、戦況は不利になります。東条内閣は、１９４４年7月のサイパン陥落の責任を取り、総辞職します。

１９４５年3月には東京大空襲、4月に米軍が沖縄本島に上陸。１９４５年7月、ベルリン郊外のポツダムで、連合国首脳が日本に無条件降伏を勧告する「ポツダム宣言」を発しますが、日本側はこれを黙殺しました。しかし、8月6日に広島、9日に長崎に原子爆弾が投下され、8日にはソ連の対日参戦もあり、14日に日本はこの「ポツダム宣言」を受諾。翌15日、日本の降伏が国民に伝えられました。

太平洋戦争の終結後、連合国によって日本の戦争犯罪人を裁くための裁判が行われました。正式な名称は、極東国際軍事裁判（東京裁判）で、A級戦犯28人が「平和に対する罪」で起訴され、うち7名に絞首刑の判決が出されました。

東条英機７００正神界。

松井石根７００正神界。

広田弘毅６００正神界。

土肥原賢二６００正神界。
木村兵太郎６００正神界。
板垣征四郎７００正神界。
武藤章６００正神界。

湯川秀樹

東京出身、理論物理学者。京大理学部を卒業後、京大教授になりました。

１９４９年、中間子理論でノーベル物理学賞を受賞します。日本人として初の快挙でした。野口英世や北里柴三郎など、戦前からノーベル賞候補に挙げられた日本人はいましたが、受賞には至らなかったのです。

湯川秀樹のノーベル賞受賞は、敗戦で沈んでいた日本人に大きな希望を与えるニュースとなりました。

彼の唱えた「中間子理論」とは、原子核の中の陽子と中性子を結合する力を推察し、陽子と電子の中間の重さを持つ存在、すなわち「中間子」の存在を予言するものです。

彼は１９３４年に最初の中間子理論構想を発表し、翌年「素粒子の相互作用について」という論文でその存在を予言しています。

湯川秀樹７００正神界。

吉田茂

東京出身の政治家。東大卒業後に外務省入省。

日本政府は、ＧＨＱ（彼はGo Home Quickly（早く家に帰れ）の略だと言ったユーモアな一面もありました）に大日本帝国憲法の抜本的な改正を指示され、１９４６年11月３日に日本国憲法を公布。翌年5月３日に施行しました。新憲法には、国民に主権があるとする国民主義（主権在民）、平和主義、基本的人権の尊重の三原則と、天皇は政治的権力を持たないとする象徴天皇制などが盛り込まれました。

１９５１年、サンフランシスコ講和会議で日本は48カ国と講和条約を結び、主権を回復します。冷戦の中、アメリカは日本を独立させて西側陣営に引き込むことを考えていました。結局、ソ連は会議には参加しましたが調印せず、中華人民共和国も中華民国も会議には招かれませんでした。

吉田茂７００正神界。

佐藤栄作

山口県出身の政治家。東大卒業後、鉄道省に入省。１９４９年の衆議院議員選挙に初当選して政界入り。実兄は、１９５７年に首相になった岸信介です。

１９５５年からおよそ20年間、日本の経済成長率は年平均10％以上の伸びを示しました。これを「高度経済成長」と呼びます。１９６４年10月には東京オリンピックが開催され、オリンピック景気が起こりました。

１９６７年、佐藤栄作首相は国会答弁で「非核三原則」を明言します。核兵器を「つくらず、持たず、持ち込ませず」とするものです。これによって、佐藤首相はノーベル平和賞を受賞しています。

さらに、１９６８年には国民総生産（ＧＮＰ）がアメリカに次いで資本主義諸国の中で世界第2位となっています。

佐藤栄作700正神界。

岸信介700正神界。

田中角栄

新潟県出身。1947年に衆議院議員に初当選。

1972年6月、自由民主党総裁選挙を翌月に控えて、田中角栄は、産業を地方に分散させ、新幹線と高速道路を整備することで過疎、過密の同時解消を目指す「日本列島改造論」を発表。総裁選挙を勝ち抜き、首相に就きました。

その3カ月後の9月、日本と中華人民共和国のあいだで日中共同声明が発表されました。日本側が、過去の戦争責任を痛感し、反省したうえで両国の国交を正常化させるというものでした。

1976年、アメリカで航空機業界をめぐる大規模な汚職事件が明るみに出ます。これがロッキード事件の発端でした。アメリカのロッキード社が、飛行機売り込みのために日本の政財界に賄賂を贈っていたのです。同1976年7月、彼は収賄容疑で逮捕されました。

田中角栄150正神界。

児玉誉士夫150中。

※　※　※

以上、日本史上の偉人と言われる人たちの魂レベルを調べてみましたが、ほとんどの方が700正神界で、レベルが高いことがわかります。

世界に目を転じても、以下のように、誰でも知っている偉大な人たちは一様にレベルが高いのがわかります。

孔子600正神界。

釈迦800正神界。

イエス・キリスト800正神界。

ジャンヌ・ダルク７００正神界。
コロンブス１５０正神界。
レオナルド・ダ・ヴィンチ７００正神界。
ミケランジェロ７００正神界。
シェークスピア７００正神界。
ガリレオ・ガリレイ７００正神界。
ニュートン７００正神界。
モーツァルト７００正神界。
ハイドン５００正神界。
バッハ６００中。
ナポレオン一世７００正神界。
ベートーベン７００正神界。
ダーウィン７００正神界。
リンカーン７００正神界。

ノーベル７００正神界。
レントゲン５００正神界。
エジソン７００正神界。
ガンジー８００正神界。
アインシュタイン５００正神界。
ヘレン・ケラー３００正神界。
マザー・テレサ７００正神界。
ジョン・Ｆ・ケネディ７００正神界。
ネルソン・マンデラ７００正神。　界

ちなみに、ここでアップルの創業者、スティーブ・ジョブズについて少し述べておきたいと思います。

スティーブ・ジョブズは、サンフランシスコ出身。両親の都合で養子に出されたジョブズは、手がつけられない子供でしたが、小学校４年生のときに出会った先生が彼のやる気を引き出してくれました。成績も上がり、電気やコンピューターに興味を示すようになり、中学のときにはヒューレット・パッカードの創始者ウィリアム・ヒューレットの連絡先を電話帳で調べ、知り合いになりました。

高校生のとき、すでにヒューレット・パッカードで研修生として働いていたジョブズに、スティーブ・ウォズニアックは、コンピューターの知識を授けてくれました。

21歳でアップル社を設立、個人用コンピューター「アップルⅡ」は爆発的な人気で、史上最年少の大富豪となり、「マッキントッシュ」も大評判となりました。

ところが1年後、自分が立ち上げた会社であるにもかかわらず、新しい社長ジョン・スカリーにクビにされました。彼は、「ぼろぼろになったけど、もう1度やり直そうという気持ちがわいてきて、後になって考えると、アップルを追い出されたことは、ぼくの人生にとって最良の出来事だったといってもいいだろう」と言っています。自由になったジョブズは、アップルとは別のコンピューター会社ネクストとアニメーションスタジオのピクサーを立ち上げました。

長編アニメ映画「トイ・ストーリー」が世界的ヒットを遂げた翌年、アップルがネクストを買収し、一つの会社になってアップル社に戻ったのです。人生が計画通りにいかなくても、決してあきらめずに、やり続けることで道が開かれたのでしょう。

「毎日を、これが人生最後の日と思って生きなさい」

「新しいものも、いつかは古くなります。人生の時間は限られています。だからこそ毎日を無駄にすごしてはいけません。他人がいろいろ言っても、自分の心の声がかき消されないように、直観に従う勇気を持ちましょう」

――ジョブズが残した言葉です。


スティーブ・ジョブズ７００正神界。

ジョン・スカリー７００魔界。

ウィリアム・ヒューレット７００正神界。

スティーブ・ウォズニアック８００正神界。

（妻）ローリーン７００正神界。

以上が偉人たちの魂レベルです。

ところで、私はこれまで「正神界」という言葉を使ってきましたが、この言葉がわかりづらければ、正義感の強さと言い換えてもいいかもしれません。よく、心の中で天使と悪魔が戦うシーンがありますが、ちょうどそのイメージです。世相が暗くなると、「中」の人が増えるのも仕方のないことです。

中のレベルは、どちらが勝つかわからないから、強い方につく意識です。生きていくため、処世術としてそうしなければならないときもあるでしょうが、善悪を見定め、良心に従って道を選ぶことが大切です。

魔界の人は、人を不幸にして喜ぶ輩《やから》ですから、言葉優しく寄ってきても、弱ったときには助けてくれず、逆に叩きつぶそうとします。

魂レベル150の人も、大きく歴史を見ると、その時代の流れに従い必要に応じて配置されています。特に、150の人たちは新しい時代を開くときなどにあらわれ、果たすべき役割を持っていることがわかります。

正しいことを言っていても、時代が追いついていなければ殺されたりもしますが、こうしたことが繰り返され、歴史がつくられ、進化しているのも事実なのです。

おわりに

最後まで読んでいただき、ありがとうございました。

クライアントを通して教えていただいたこと、わかったことなどを中心に書いてみました。

これまでに、多くのみなさんが、セッションを終えるとほんとうに元気になって、「すっきりした」と帰っていかれました。さらに、その人のまわりの人たちが「いったいなにがあったの？」と驚くくらい変わられました。それがうれしくて、励みにもなり、私も毎日がんばっています。

小倉に出て以来、特に宣伝もしていませんが、クライアントのみなさんが次々と知人やご家族を紹介してくださり、今日に至っておりますことを、この場を借りて厚く御礼申し上げます。

読者のみなさまのまわりには、何人か150の方がいらっしゃると思います。

いま、本書を読まれている方のほうがレベル的には上でしょう。ですから、本書を参考にして、トラブルに巻き込まれないように、落ち込まないように、上手に生きていってほしいと思います。

最後に、前世療法についても補足しておきます。

前世療法では、過去世の「こうやって自分は死んでいったのか」という臨死体験ができます。この体験は、いつかくる自分の死を迎えるのが怖くなくなる効果もありますので、ぜひ1度は体験していただきたいと思います。

ほんとうに一生は短くて、「これだけしかできなかったの?」と私も思います。あっという間ですから、どう生きてどう死んでいくかが問われます。

どうぞ、日々感謝で、ていねいに生きてください。

輪廻転生も現世の生活も、すべて神様の経綸《けいりん》(秩序をととのえ、治めること)の一つです。私も還暦を迎えて、あとどのくらいできるかわかりませんが、少しでもみなさまのお役に立てるなら、幸甚に存じます。

よい未来になりますよう、心よりお祈りしています。

【著者プロフィール】

桜花（おうか）

福岡県北九州市在住。幼いころより霊感に恵まれ、28歳で霊眼が開ける。また、誕生日が昭和29年９月９日で、後年、「２９９９」という数字が人のためにスピリチュアルな手助けをする使命を持っていると知る。

2009年より、カウンセリングルーム「天樹の雫」を主宰。

現在、波動整体、前世療法、カードリーディング、ストーンによるヒーリングなどをおこなっている。特に、前世療法では、施療中、クライアントと前世の映像を共有しながらセッションをおこない、かつ、最後に５年後の未来を本人に見せるという特殊な能力を持つ。

・ＪＨＡ前世療法プロフェッショナルコース修了認定
・波動整体療法修了証（波動整体研究会）
・催眠誘導講座修了証（日本催眠誘導協会）
・スピリチュアルダウジング教室上級編修了証
http://www.zense-ohka.com/

生きるのが楽になる魂レベルのお話

2016年９月１日　初版第１刷発行

著　者　桜花
発行者　韮澤 潤一郎
発行所　株式会社 たま出版
〒160-0004 東京都新宿区四谷4－28－20
☎ 03-5369-3051（代表）
http://tamabook.com
振替　00130-5-94804

組　版　一企画
印刷所　株式会社エーヴィスシステムズ

ISBN978-4-8127-0398-4　C0011